하나, 둘, 셋, 넷

생활과학 에세이 ⑤

하나, 둘, 셋, 넷

· 생활 속에 들어온 숫자 이야기 ·

강찬형 지음

무지개꿈
Rainbow Dream

contents

들어가는 글 • 6

1. 하나   15
2. 둘   22
3. 셋   29
4. 넷   37
5. 다섯   43
6. 여섯   51
7. 일곱   55
8. 여덟   61
9. 아홉   68
10. 열   72

11. 열하나	80
12. 열둘	85
13. 틴에이저	92
14. 스물	97
15. 예순	101
16. 일흔	105
17. 백	108
18. 천, 만	113
19. 억, 조	117

끝내는 글 • 120

들어가는 글

성경의 신약전서(The new testament)는 이렇게 시작된다. '아브라함과 다윗의 자손 예수 그리스도의 세계라. 아브라함이 이삭을 낳고 이삭은 야곱을 낳고 야곱은 유다와 그의 형제를 낳고 (마태복음 1장 1~2절)' 여기서 세계는 영어로 world가 아니라 genealogy이다. Genealogy는 다른 말로 lineage로서 우리말로 세계(世系) 즉 가계, 더 흔한 말로 족보(族譜)라는 뜻이다. 공관 복음이라는 누가복음 3장 23절부터는 그 순서를 예수의 아버지 요셉으로부터 거꾸로 기록하여 34절에 아브라함을 거쳐 38절에는 아담과 그 이상으로 하나님을 언급하고 있다. 우리 선조들은 이스라엘 사람들처럼 족보를 중요시하였다. 200여 년 전에 이벽(李檗, 1754~1785), 이승훈(李承薰, 1756~1801), 정약종(丁若鍾, 1760~1801) 등 당시 유학(儒學)의 영향 아래에 있던 선비들이 예수를 받아들여 천주교 신자가 된 배경에는 이러한 세계(世系)에 대한 성경의 언급이 큰 몫을 하지 않았나 생각한다. '내가 믿는 예수가 자기 아비가 누군지도 모르는 상놈은 아니다'라는 사실이 이들의 초기 결심에 큰 역할을 하였으리라.

우리 선조들은 족보를 귀하게 여겼다. 필자의 할아버지(1904~1985)도 정식적인 교육은 없었어도 주위로부터 들은 이야기로 족보의 중요성을 그 자손들에게 피력하였다. 세대 별로 직계의 이름과 각 배우자의 가계와 생존 시의 벼슬과 산소 위치가 한자로 서술된 가승(家乘)을 한 질 집안에 가지고 있어서 무슨 일만 있으면 그 작은 책을 교재로 하여 후손들에게 교육하였다. 필자는 그때 그냥 할아버지 말씀을 듣는 척했으나 나이가 들면서 그 내용이 크게 도움이 되었다. 최근에 TV에서 충청도의 어느 할머니가 집안 대대로 내려오는 가승(家乘)을 공개하여 그 문서의 가치가 상당함을 알리기도 하였다. 집안에 족보가 없으면 우리 선배들은 행세하기가 어려웠었나 보다. 필자가 아주 어렸을 때 필자의 당숙께서 이북에서 피난 나와 살고 있는 같은 성씨(姓氏) 사람의 부탁을 받아 그 집안을 우리 족보 중에서 후손이 무(無)한 포기에 입적하는 일을 수행하는 것을 들은 기억이 있다. 종중에서 족보 인쇄를 새로 하면 널리 홍보하고 그 비용을 집안 별로 수금하였는데, 필자의 조부나 아버지께서는 그 사업에 적극 협조하셨던 기억이 있다. 요즘은 인쇄물의 양이 엄청 많으니까 인쇄물 이외에 컴퓨터 CD로 족보를 배포하고 있다.

같은 집안끼리 촌수를 따져 보는 것을 계촌(計寸) 한다고 말한다. 성경에서는 인구 조사하는 일을 계수(計數)한다고 한다. 아주 먼 집안은 계촌하기도 힘들거나 계촌할 필요도 없다고 했다. 필자가 어렸을 때 아버지에게 물었더니 12촌까지는 계촌해 보아야 한다고 말씀하셨다. 부부는 무촌 즉 0촌(寸)이고, 부자지간은 1촌(寸)이다. 할아버지하고는 굳이 따지면 2촌(寸)인데 그렇게 부르지는 않고 2대(代) 차이가 난다고 말한다. 할아버지의 또 다른 자녀 즉 자기 아버지의 형제는 3촌(寸)이다. 삼촌은 아저씨라고 부르는데, 그 소생하고는 4촌(寸) 사이이다. 사촌 관계는 한자로 종(從)을 쓴다. 내종(內從) 혹은 고종(姑從)사촌, 외종(外從)이니 이종(姨從)사촌 등에서 볼 수 있는 말이다. 증조할아버지와 나 사이는 3대 혹은 3촌의 관계이다. 증조할아버지의 다른 줄기 즉 할아버지의 형제의 아들은 2촌을 더 해 나의 오촌(五寸) 아저씨가 된다. 다른 말로 당숙(堂叔) 혹은 종숙(從叔)이라고 부른다. 옛날 대가족 제도에서는 증조할아버지 이하 식솔(食率)들이 한 울타리 안에서 살았는데, '집안의 아저씨'라는 뜻으로 당숙, 사촌의 아저씨라는 뜻으로 종숙이라고 불렀다. 집안의 아저씨가 당숙이라고 불릴 즈음이 되면 사촌 집안은 딴 집으로 독립하는데 이를 세간(世間)을 나간다고 표현한다. 당숙의 자식들은 나와 6촌이다.

춘원 이광수(1892~1950)의 〈나의 고백〉이라는 글을 보면 일제(日帝)가 항복하는 8·15 소식을 처음으로 그에게 전해 준 사람이 삼종(三從)이라는 구절이 나온다. 여기서 삼종이란 나의 증조할아버지의 형제 즉 삼종조부(三從祖父)의 증손을 의미한다. 촌수로 표시하면 8촌 형제이다. (5-1) × 2 = 8. 삼종조부의 아들은 나의 7촌 아저씨, 곧 재당숙(在堂叔)이 된다. 나의 할아버지의 형제는 종조부(從祖父)라고 부르기도 하는데, 그 손자가 나와는 6촌지간(六寸之間)이다. 재종(再從)이라고 부르기도 한다. 옛날에는 고조(高祖)할아버지가 같으면 한 집안으로 쳤다. 즉 5대 조상의 자손들은 한 집안이라고 하여 함께 제사(祭祀)를 지냈다. 그 이상의 조상의 제사는 시향(時享)으로 모셨다. 그러나 중심인물의 손자 즉 그 밑의 2대를 더하여서 한 집안이라고 생각하였다. 세월이 지나면 그 손자가 할아버지가 되니까 12촌까지는 계촌(計寸) 한다고 생각한 것 같다.

대체로 문중에서 무슨 파(派)라 하여 파보(派譜)를 갖고 있고, 어떤 조상이 자기의 몇 대조(代祖)라고 하든가 자신이 그 조상의 몇 세손(世孫)이라고 한다. 여기서 대조(代祖)와 세손(世孫)은 같은 숫자가 된다. 그러나 자기와 그 조상과 떨어져 있는 대수(代數)의 차이를 이야기할 때는 그 숫자에서 1을 빼야 한다. 집안의 서열을 결정하기 위해 촌수(寸數)를 따진다. 각자 이름의 항렬(行列)을 먼저 따져 보고 같은 집안인가를 본다. 같은 항렬이면 방계(傍系)라고 하더라도 나이를 따져 형, 동생을 정한다. 두 사람의 항렬이 같으면 촌수는 짝수이다. 항렬을 따져 아저씨와 조카 사이가 되기도 하고, 할아버지와 손자 사이가 되기도 한다. 아저씨와 조카 사이는 촌수가 홀수이다. 대수 차이가 3대가 넘으면 그냥 대부(大父)와 손자라고 부른다. 보통은 족보를 갖다 놓고 자신들의 이름을 찾아 촌수를 따진다. 만약 자신과 그 사람의 항렬이 같고 집안이 12대조에서 갈렸다면 (12-1) × 2 = 22촌의 관계가 된다. 이름의 항렬로 보아 아저씨와 조카 사이라면 21촌, 할아버지 항렬이라면 20촌이 되는 셈이다.

항렬을 정하여 이름을 작명하고 계촌(計寸) 하는 풍습은 유교의 전통에서 왔다. 유교는 여성의 존재를 무시하였다. 여아(女兒)는 족보에 올라가지 못했고, 일부 집안에서는 결혼한 이후에 남편이나 시아버지의 이름을 족보에 기재하였다. 그러나 유교가 우리 사회에 뿌리내리기 이전 예를 들어 고려 시대에는 여성도 재산 상속 등에서 남자와 동등한 대접을 받았다고 한다. 현재 여권 신장이 많이 이루어졌다. 20여 년 전만 해도 헌법재판소를 구성하는 재판관 전원이 남성이었지만 지금은 재판관의 거의 절반이 여성이다. 재산 상속에 남녀의 구별이 없다. 얼마 전까지만 해도 종친회 혹은 화수회(花樹會)는 남성 위주로 운영되었는데, 요즈음은 시집간 여성 회원들의 의사도 존중해 주어야 한다. 아이들도 아버지의 형제인 고모(姑母)보다 어머니의 형제인 이모(姨母)를 더 가깝게 생각하고, 어려서부터 같이 지내서인지 고종사촌보다 이종사촌을 더 잘 안다. 그래서인지 대중음식점에서도 이모란 말을 쉽게 들을 수 있다. 아무런 관련이 없다는 뜻으로 '사돈의 팔촌'이라는 말이 있다. 자기 팔촌도 잘 모르는데 사돈의 팔촌은 특별한 인연이 없으면 잘 모르는 사이이다. 또 '이웃사촌'이라는 말이 있다. 사이좋게 지내면 아무런 혈연관계가 없는 이웃이 사촌 혈육보다 더 좋다는 의미이다. 요즘 젊은이들 사이에는 육촌이나 팔촌은 잘 모르고 사촌도 자라날 때 왕래가 있어야 알고 지낸다.

  부부 사이에는 촌수가 없다. 따라서 처가와 외가에 처나 어머니의 촌수가 그대로 적용되는데, 옛날에는 그렇지 못했다. 우리 속담에 '처삼촌 산소 벌초하듯'이라는 말이 있다. 장인의 형제가 자식이 없어 대신 묘소의 벌초를 해 주는 행위를 뜻하는데, 별 책임감 없이 대충대충 해도 된다는 의미이다. 그러나 요즈음에 처가 식구를 그렇게 대했다가는 야단이 난다. 자기의 부모에게 하듯이 아내의 부모에게도 잘해 드리거나 모시고 같이 산다. 호칭도 장인, 장모님 대신에 아버지, 어머니라고 부르는 집안도 있다. 부부는 무촌이니까 자연스러운 변화이다. 옛날에는 사돈, 사부인이라는 명칭에서 보듯이 두 집안의 어른들이 서로 어려워했으나, 요즘에는 사돈 사이에 골프도 같이 치고, 여행도 같이 다니고, 외식도 정기적으로 같이 한다. 그러나 사돈은 옛날에는 서로 대하기가 참 어려웠다.

　요즈음에는 사회생활 하면서 연애결혼이 일반화되었지만, 옛날에는 마을과 마을 간의 신랑 신부 교환에 의한 중매결혼이 유행하였다. 어느 정도 상대 집안의 사정을 알고 있어야 혼인이 성사된다. 그러다 보니 두 집안 사이는 사돈의 팔촌까지는 안 되더라도 연줄이 있다. 그 결혼 성사를 위해서 여러 가지를 고려하였는데, 이른바 그 선조 사이에 '피가 섞이지 않는' 조건을 우선시하였다. 요즘의 표현대로라면 DNA가 서로 독립적이어야 한다. 성경에서 보면 아브라함과 이삭과 야곱의 시대에는 근친결혼이 유행하였다. 유럽의 왕가에서는 우수한 혈통을 보존한다는 미명으로 왕족끼리의 결혼을 추진하였는데 그 결과 그 후손의 얼굴이나 지능에서 문제가 나타났다. 추운 지방이나 인적이 드문 지역에서 근친결혼은 어쩔 수 없어도 나그네가 오면 후하게 대접하고 아내와의 동침을 허락하는 풍습이 있었던 점도 이러한 우생학적 경험에 기인하는 것으로 오늘날 해석하고 있다. 근친결혼의 문제점을 인지하고 있던 우리 조상들은 결혼 조건으로 이러한 배제 정책을 고집하였다. 이 점이 극단적으로 흐른 경우가 동성동본의 혼인 금지 조항이다. 이제 세월이 바뀌어 팔촌 이내의 혈족만 아니면 동성동본인 남녀의 결혼에 문제가 없다. 필자의 후배 한 사람의 딸이 동성동본인 사위 후보를 처음으로 인사시키는 자리에서 혼인신고는 자기들이 다 알아서 해결할 터이니 걱정하지 말라고 했다고 한다.

  이 책의 글에서는 우리들의 일상생활에 들어와 있는 숫자에 얽힌 이야기들을 풀어 쓸 방침이다. 우리들은 일상생활에서 10진법을 쓰고 있다. '하나, 둘, 셋, 넷, 다섯, 여섯, 일곱, 여덟, 아홉, 열.' 흔히들 숫자로 1, 2, 3, 4, 5, 6, 7, 8, 9, 10이라고 쓰고 있다. '일, 이, 삼, 사, 오, 육, 칠, 팔, 구, 십'이라고도 읽는다. 우리 이웃 일본에서는 '이찌, 니, 산, 시, 고, 로쿠, 시찌, 하찌, 큐, 쥬'라고 읽고, 또 다른 이웃 중국에서는 '이, 얼, 쌍, 쓰,' 등으로 읽는다. 우리말로 날을 이야기할 때는 '하루, 이틀, 사흘, 나흘, 닷새, 엿새, 이레, 여드레, 아흐레, 열흘'이라고 한다. 영어로는 'one, two, three, four, five, six, seven, eight, nine, ten'이라고 한다. 한편으로는 'first, second, third, fourth, fifth, sixth, seventh, eighth, ninth, tenth'라는 말도 있다. 프랑스어, 독일어, 스페인어로도 비슷하게 읽는 방법이 있다. 우리는 숫자로 몇 개인지 표시하지만, 순서를 나타내기도 한다. 10진법이 굳어진 것은 우리들의 손가락이 열 개인 사실과 관련이 있다고 알려져 있다. 이 숫자는 흔히들 아라비아 숫자로 알고 있는데 근원은 인도에서 유래했다. 우리는 예를 들어 삼만팔천육백삼십일을 38,631라고 쓴다. 여기서 3이 두 번 나오는데, 그중 하나는 삼만을 나타내고, 다른 하나는 삼십을 나타낸다. 즉 같은 숫자가 그 위치에 따라서 다른 수를 나타낸다. 이를 기수법(記數法)이라고 부른다.

우리말에서 숫자를 표시할 때는 대충, 어림짐작으로 하였다. 숫자를 단정적으로 말하지 않았다. 사람이나 물건의 숫자를 이야기할 때, 한두, 두어, 서너, 네댓, 대여섯, 예닐곱, 일고여덟이라고 하였다. 심지어는 두서너 개라는 표현도 있다. 일기를 이야기할 때 삼한사온(三寒四溫), 오뉴월이라는 말도 썼다. 확률의 문제를 이야기할 때, 십중팔구(十中八九)라고 말한다. 이 말은 요즘 표현으로 하면, 80~90%라는 의미이다. 퍼센트(Percent)는 백당(百當) 혹은 백중(百中)을 의미한다. 성경에서 보면 백부장(百夫長) 이야기가 나오는데, 이는 영어로 센추리온(centurion)이며, 옛날 로마 시대에 병사가 100명으로 구성된 단위부대의 우두머리로서 상당한 힘을 가지고 있던 사람이다. 요즘에도 백(百)을 생략하여 C라고 표시한다. 현재는 21세기(21C)이다. 한편 천(千)을 나타낼 때 K를 쓰는데, 2천(2000)년을 Y2K라고 쓴 적이 있다.

1. 하나

○

○
●

'공중의 새를 보라. 심지도 않고, 거두지도 않고, 창고에 모아들이지도 아니하되 너희 천부께서 기르시나니 너희는 이것들보다 귀하지 아니하냐?'

윗글은 신약성경 마태복음 6장 26절에 나오는데 우리가 살아가면서 먹고 마시는 문제로 너무 걱정하지 말라는 예수님의 당부이다. 여기서 천부(天父)는 영어로 heavenly Father로 되어 있고 누가복음 12장 22절 이후에도 비슷한 내용이 나오는데 여기서 한글 성경에는 하나님, 영어 성경에는 God라고 표현되어 있다. 여기서 영어로 God가 하느님이냐, 하나님이 맞냐는 문제가 나오는데, 구교인 천주교에서는 하느님, 개신교에서는 하나님이라고 하고 있다. 하느님은 '하늘님'에서 사이에 있는 ㄹ이 탈락한 말이다. 곧 하늘에 계신 아버지라는 의미인 천부에 해당하는 말이다. 동양에서 하늘은 곧 천국을 의미한다. 우리가 무슨 식(式)마다 부르거나 듣게 되는 우리의 애국가 가사에도 '하느님이 보우(保佑)하사 우리나라 만세'라고 나온다. 하나님은 하나, 즉 유일

신(唯一神)의 의미를 강조하는 말이다.

하나 즉 일(一)은 있다는 의미이다. 없다는 뜻인 무(無)는 숫자로 0이다. 현대는 컴퓨터의 시대이다. 현대 컴퓨터는 우리의 일상생활에서 익숙한 십진법 대신 0과 1의 이진법으로 숫자를 인식한다. 2는 010으로, 3은 0101로, 4는 01010으로, 5는 010101, 등으로 표시된다. 어떤 숫자(N)에 0을 더(+)하거나 빼(−)면 그 숫자 그대로이고, 1을 더하면 그 숫자에서 1이 더 큰 숫자가 되고, 1을 빼면 그 숫자에서 1이 더 작은 숫자가 된다. 어떤 숫자에 0을 곱하면 0이 되고, 어떤 숫자를 0으로 나누면 아주 큰 수 즉 ∞가 된다. 어떤 숫자에 1을 곱하거나 나누면 그대로 그 숫자가 된다. 이를 사칙연산(四則演算)이라고 하며, 수학에서는 그 규칙을 그대로 따르고 있다. 즉, $N + 0 = N$, $N - 0 = N$, $N \times 0 = 0$, $N/0 \to \infty$, $N \times 1 = N$, $N/1 = N$.

덧셈, 뺄셈, 곱셈, 나눗셈을 수학의 사칙연산이라고 부르는데, 그 기호가 나오면 그러한 셈을 하라는 뜻이다. 덧셈과 곱셈에서는 두 숫자의 순서가 바뀌어도 그 연산의 결과는 같다. 예를 들어 2와 9, 두 숫자의 덧셈과 곱셈의 경우, 순서에 관계 없이 그 결과는 같다. 즉 덧셈의 경우 11, 곱셈의 경우 18이다. 그러나 뺄셈과 나눗셈의 경우는 두 숫자의 순서가 바뀌면 그 결과는 다르다. 이러한 사칙연산을 편하고 빠르게 실시하기 위해 초등학교 저학년 때에 학생들에게 구구단을 암기하도록 한다. 요즈음은 취학 전에 구구단 암기를 떼고 학교에 들어가는 것 같다. 2×9의 경우 두 개씩 9 무더기가 있든, 9개씩 두 무더기가 있든, 결과는 모두 18개라는 의미이다. 어떤 수에 1을 곱하면 그냥 그 수가 되니까 외울 필요가 없고 구구단에서 절반 정도만 암기하고 있으면 된다. 필자의 경우 9×2는 9단의 두 번째 줄로 인식하지 않고 2단의 아홉 번째 줄로 인식하여 이구(2×9) 십팔(18)이라고 두뇌 속에서 되뇌고 그 답을 적는다. 그러니 구구단의 경우 81가지가 아닌 40여 가지만 외우고 있으면 된다.

날짜를 얘기할 때, 첫 번째 혹은 처음의 의미로 초(初)를 부친다. 초하루, 초아흐레 등에서 볼 수 있다. 한자로 초하루를 삭(朔)이라고 한다. 삭망(朔望)은 음력 초하루와 보름을 의미한다. 요즘은 거의 볼 수 없지만 삭망전(朔望奠)이라고, 상가(喪家)에서는 3년 이내에는 매달 초하루와 보름날에 제사를 지냈다. 일반 집에서는 아버지나 어머니가 돌아가시면 삭망에 자손들이 메를 올리고 곡(哭)을 하고 절을 하는 풍습이 있었다. 그 당시로는 간략(簡略)하게 하는 정신의 발로이다. 옛날에 조상의 기제사를 지내려면 꼭 달력을 찾아보아야 했다. 제사 지내는 분의 돌아가신 날은 정확히 기억하고 있더라도 제사 지내는 해에 그달 초하루의 일진(日辰)을 달력에서 찾아 기재하였다. 그래서 예를 들어 음력으로 2025년 3월 4일이 제삿날이면, 2025년의 태세(太歲)는 을사(乙巳), 3월 초하루의 일진(日辰)이 월건(月建)인데, 곧 정유(丁酉), 4일의 일진이 경자(庚子)로 '유세차 을사 3월 정유 삭 4일 경자(維歲次 乙巳 三月 丁酉朔 四日 庚子)'로 시작되는 축문이 작성된다. 고시조(古時調)에 '삭풍은 나무 끝에 불고 명월은 눈 속에 찬데'라는 구절이 있다. 여기서 삭풍(朔風)은 겨울철 북쪽에서 불어오는 찬 바람, 즉 북풍(北風)을 의미한다.

　필자가 제삿날에 쓰는 축문에 대하여 아는 연고는 증조할아버지, 증조할머니 제삿날에 할아버지와 아버지의 권고로 축문을 작성하였기 때문이기도 하지만, 고등학교 고문(古文) 시간에 나온 조침문(弔針文)을 통해서다. 조침문은 의복을 꿰매는 바늘을 의인화하여 제문 형식으로 조선 말기 아마도 순조(純祖, 1790~1834) 때에 쓰인 글이다. 약 200년 전에 국한문 혼용체(混用體)로 쓰였다. 일찍이 문벌 좋은 집으로 출가했다가 슬하에 자녀도 없이 과부가 된 유씨(俞氏) 부인은 오로지 바느질을 낙으로 삼고 살고 있는데, 시삼촌(媤三寸)이 중국에 사신으로 갔을 때 얻어다 준 마지막 바늘이 부러지자, 섭섭한 심회를 누를 길 없어 이 글을 지었다고 본문에 나와 있다. 그 글이 사람의 제문(祭文)처럼 유세차(維歲次) 모년(某年) 모월(某月) 모일(某日)로 시작한다. 글의 중간에 '금년 시월 초십일 술시(戌時)에'라고 바늘이 부러진 시각을 기록하고 있다.

　우리말에서 처음, 으뜸의 의미로 장(長)을 쓰고 있다. 장남(長男), 장녀(長女), 장손(長孫), 장조카(長姪) 등에서 본다. 순우리말로는 맏아들, 맏형 등에서 접두어 '맏'을 쓰고 있다. 맏아들의 부인을 맏며느리라고 부른다. 어려운 한자어로 필두(筆頭)가 있다. 필두 부장이란 선임 부장이라는 뜻인데, 필두란 여럿을 들어 말할 때 혹은 이름을 순서대로 적을 때 맨 처음 차례라는 뜻이다. 필두라는 한자어는 일본인이 많이 쓰는 표현이다.

　어떤 조직이나 건재순(建在順)이 있다. 조직의 생긴 순서대로 부서명을 나열한다는 뜻이다. 같은 시기에 세워졌으면 이름의 가나다 (영어로는 Alphabet) 순서로 된다. 영어권에도 비슷한 관행이 있나 보다. 미국의 대학인 MIT(Massachusetts Institute of Technology)에서는 전공학과(Department)를 코스 번호(Course Number)로 구분하는데 1번이 토목공학(Civil Engineering), 2번이 기계공학(Mechanical Engineering), 3번이 재료공학(Materials Science and Engineering)이다. 재료공학은 그 전에 금속공학(Metallurgy), 학교 초창기에는 광산공학(Mining Engineering)이어서 알파벳 순서로 3번이 되지 않았나 생각된다. 4번은 건축학과(Architecture)로서 다른 단과대학(School of Architecture)이고, 5번 화학과(Chemistry)

도 다른 단과대학(School of Science)이고, 6번이 전기공학(Electrical Engineering and Computer Science), 7번이 생물학(Biology), 8번이 물리학(Physics), 10번이 화학공학(Chemical Engineering)이다. 9번은 두뇌 과학(Brain and Cognitive Sciences)이다. 시의를 따라 학과의 이름이 바뀌어도 코스 번호는 그대로 유지하는 전통이 존재한다. 참고로 인문 및 사회과학대학(School of Humanities and Social Sciences) 소속의 경제학(Economics)은 14번, 정치학(Political Science)은 17번이다. 경영학(Management)은 별도의 단과대학(Sloan School of Management)을 구성하며 코스 번호는 15번이다.

2. 둘

○

○
●

'그는 우리의 화평이신지라. 둘로 하나를 만드사 중간에 막힌 담을 허시고 원수 된 것, 곧 의문에 속한 계명의 율법을 자기 육체로 폐하셨으니 이는 이 둘로 자기의 안에서 한 사람을 지어 화평하게 하시고 또 십자가로 이 둘을 한 몸으로 하나님과 화목하게 하려 하심이라. 원수 된 것을 십자가로 소멸하시고.' (에베소서 2장 14~16절)

'For he himself is our peace, who has made the two one and has destroyed the barrier, the dividing wall of hostility, by abolishing in his flesh the law with its commandment and regulations. His purpose was to create in himself one new man out of the two, thus making peace, and in this one body to reconcile both of them to God through the cross, by which he put to death their hostility.' (Ephesians 2: 14~16)

하나에 하나를 더하면 둘이 된다. 1 + 1 = 2. 이는 수학적으로 맞는 말이다. 그러나 이 글에서 사도 바울은 그 결과가 1이라고 말한다. 예수의 십자가에서 돌아가심을 통해 우리의 적개심을 소멸시켰기 때문에, 이방인이나 유대인이 하나가 되었다고 한다. 여기서 오늘날에는 이방인과 유대인을 기독교 신자와 비신자로 대치하여도 무방하다.

만약 1 + 1의 결과가 3이나 4라고 말한다면 그는 정신적으로 문제가 있는 사람이다. 그러나 언어적으로는 그렇지 않을 수도 있다. 하나는 한 사람으로서 흔히들 일인칭이다. 이인칭인 너도 한 사람일 수 있다. 이 경우 일인칭 복수는 두 사람이다. 그러나 이인칭 복수인 너희들이 두 사람 이상이면 일인칭 복수인 우리들은 두 사람 이상의 의미일 수 있다. 우리의 언어에서는 '나의 아내'라는 말 대신 '우리 마누라', 혹은 '우리 집사람'이라고 한다. 이 점을 높이 사는 외국 사람을 기억한다. 필자도 어려서부터 한글을 쓰다가 학교에서 영어를 배우고 미국 대학에서 박사학위를 받았는데, 내가 쓰는 영어에 'my' 대신에 'our'를 무의식적으로 많이 쓰고 있는 점을 내 지도교수가 지적하고 '너희 나라의 말에는 나 대신에 우리를 더 많이 쓰는 풍조가 있느냐'고 질문했던 기억이 있다.

이인칭 복수가 나라 전체라면 일인칭 복수에 해당하는 숫자는 어마어마하게 큰 숫자가 될 수 있다. 2023년 여름에 필자는 고향 일가 지인의 소개로 라이온스 클럽에 가입하였는데 무슨 식마다 끝부분에 '라이온스 찬가'를 합창하고 있다. 그 노래의 가사 끝에 'Liberty, Intelligence, Our Nation's Safety'라는 구절이 있고 그 문자들의 첫 글자의 합이 라이온스(LIONS)라고 한다. 이 말은 '자유, 지성, 우리 조국의 안전'이라는 뜻이다. 어쩌다가 필자는 클럽 가입 1년 만인 2024년 후반기부터 2025년 6월까지 종로라이온스클럽의 제60대 회장을 맡게 되었다.

　너와 내가 합쳐져서 우리가 된다. 필자의 연배는 어려서 팝송(pop song)을 많이 듣고 자랐는데, 유명한 팝송 가수 중에 솔로(Solo)도 있었지만, 듀엣(Duet) 가수가 몇 있었다. 영어로 듀엣은 순우리말로 두엇과 발음이 비슷하다. 지금 생각나는 듀엣 중에 '뚜아 에 무아(Toi et Moi)', 이탈리아어로 '개구리와 두꺼비'라는 뜻인 '라나 에 로스포(Lana et Rospo)'가 있었다. '사랑해 당신을 정말로 사랑해. 당신이 내 곁을 떠나간 뒤에 얼마나 눈물을 흘렸는지 모른다오.' '사랑해 당신을'은 우리나라뿐만 아니라 일본과 동남아에서 오랫동안 애창되던 노래였다고 한다. 그 뒤에 '둘 다섯'이라는 듀엣도 있었다. 뜬금없는 작명이라 생각되었지만, 듀엣이 이(李)와 오(吳)씨 성을 가진 사람으로 구성되어 있어서 그렇게 이름 지었다고 해서 고개를 끄떡인 기억이 있다.

우리는 날짜를 얘기할 때 월과 일이 같은 숫자이면 좋아한다. 1월 1일은 새해가 밝았다고 좋아하고, 3월 3일은 삼월삼질로, 양력으로 4월 초는 전해의 동지(冬至)로부터 105일째 되는 날을 한식(寒食)이라고 하여 산불을 염려하여 불의 사용을 금하고 찬 음식을 먹으며 조상의 묘소를 다듬는 날로 하였다. 한식과 청명(淸明)은 하루 차이이므로 '한식에 죽으나 청명에 죽으나'라는 속담이 있다. 장사 지내기 좋은 시절에 돌아갔다는 의미도 있다. 이런 풍습에 따라 양력 4월 5일을 식목일로 정하고 산림녹화에 힘쓴 때도 있었다. 5월 5일은 단오라고, 7월 7일은 칠월칠석이라고 하여 우리 조상들은 계절을 즐겼다. 제도적으로 6월 6일을 현충일로 정하였고, 이북에서는 9월 9일은 구구절(九九節)이라는 국경일이고, 중국 등에서는 10월 10일을 쌍십절(雙十節)이라고 부른다. 이런 풍조에서 11월 11일을 "빼빼로 데이'라고 제과업계에서 마케팅에 활용하고, 12월 12일은 오래전에 신군부가 실권(實權)을 잡은 날로 기억하고 있다.

둘(2)은 우리말 접두어로 쌍(雙)을 붙여 표시한다. 쌍둥이란 표현이 대표적이다. 요즈음은 인공수정과 의술의 발달로, 세쌍둥이, 네쌍둥이, 심지어 다섯쌍둥이까지도 태어난다고 한다. 또 다른 우리말로 '겹'이라는 접두어를 쓰기도 한다. 겹사돈이라고 사돈 관계에 있는 사람끼리 다시 또 사돈이 된 관계를 의미한다. '양옥집', '초가집', '고목 나무'처럼 같은 뜻의 말이 겹쳐서 된 말을 겹말이라고 하고, '해가 일락서산(一落西山)에 떨어진다'와 같은 말은 겹문자라고 한다. 이중(二重) 자음(子音)은 겹닿소리라고 하고, 한 잎꼭지에 여러 개의 낱잎이 붙어 겹을 이룬 잎, 즉 한자어로 복엽(複葉)을 겹잎이라고 한다. 곤충이나 갑각류 따위에서 볼 수 있는 많은 홑눈이 벌집 모양으로 모여서 이루어진 큰 눈을 겹눈이라고 한다. 각각의 반대말은 각각 홑잎, 홑눈이다. 겹이불과 홑이불도 비슷하게 설명할 수 있다. 장기(將棋)에서 한 수를 두어 두 군데로 동시에 '장군'이 되게 하는 일을 겹장(군) 혹은 한자어로 겸장군(兼將軍)이라고 부른다. 한자어로는 중(重)이나 복(複, 復) 자를 썼다. 중언부언(重言復言)이나 복습(復習), 복구(復舊), 복굴절(複屈折, Birefringence), 광복(光復) 등에서 보인다. 겸임(兼任)은 두 가지 이상의 직무를 맡아 본다는 뜻으로 겸대(兼帶)라고도 말한다, 반대말은 전임(專任)이 되겠다. 2의 의미로 한자어로 양(兩)을 쓰기도 한다. 중국어에 익숙한 조선족 동포에게서 이만(二萬) 원을 양만(兩萬) 원이라고 하는 말을 들은 적이 있다.

군대에서는 일병이 이병보다 높다. 즉 신병의 계급장은 이병 즉 이등병이다. 이런 명칭이 붙게 된 연유는 미군의 계급 제도 때문이다. 이등병은 영어로 'Private Second Class'이고 일등병은 'Private First Class'이다. 미군에서는 'Private Second Class'와 'Private First Class'의 근무 연한이 꽤 되나 보다. 병사 중에서 능력이 2등인 사람보다 1등인 사람이 더 높아야 한다. 우리 군대에서도 이런 편제가 굳어진 후에 '등(等)' 자가 없어지면서, 일병, 이병이란 말이 생겨났다. 그런 뒤에 상병과 병장이라는 계급이 생겼다. 영어에서 상병은 Corporal인데, 우리처럼 일병이 연한이 차면 진급하는 게 아니라 미군에서는 별도로 뽑았다고 한다.

3. 셋

○

○
●

'그러므로 너희는 가서 모든 족속으로 제자를 삼아, 아버지와 아들과 성령의 이름으로 세례를 주고,' (마태복음 28장 19절)

'Therefore, go and make disciples of all nations, baptizing them in the name of the Father and of the Son and of the Holy Spirit.' (Matthew 28 ; 19)

삼위일체(三位一體)는 영어로는 Trinity를 번역한 말로 기독교에서 신학적으로 중요한 위치를 차지하는 교리다. 영국의 케임브리지 대학교(Cambridge University) 내에 최대의 자치 대학으로서 유구한 역사의 Trinity College가 있다. Tri-라는 접두어는 삼(3)이라는 뜻인데, 3인으로 이루어진 악기 연주나 가수들을 '트리오(Trio)'라고 부른다. 삼두마차(三頭馬車)는 세 말이 끄는 마차인데, 트로이카(troika)라고 부른다. 요즘 TV에서 자주 들리는 트리플 악셀(triple accel)은 얼음 위란 뜻인 빙상(氷上)에서 벌이는 발레(ballet)인 피겨 스케이팅의 연기 중에서 공중에서 세 바퀴 도는

묘기를 말한다. 하나님은 본질에서 한 분이시며 위격(位格)은 아버지와 아들과 성령의 세 분으로 존재한다고 본다. 위의 구절에서 이름(name)은 단수이다. 삼위일체에 대해서 동방교회는 본질에 한 분이신 하나님께서 세 위격으로 되는 신비를 지지했고, 서방교회는 세 위격으로 존재하는 하나님이 동일 본질로 한 분 하나님이 되는 신비를 지지한 데에서 신학적 관점의 차이를 볼 수 있다.

   구약성경은 여러 구절에서 삼위일체를 언급하고 있다. 삼위일체에 대한 성경적 근거는 이미 구약성경에 자주 나타났고, 신약성경에서는 여러 곳에서 아버지와 아들과 성령이라는 문구가 증거되었다. 창세기 18장과 19장은 삼위일체를 나타내는 본문으로 해석되는데, 18장의 세 사람은 인간의 형태로 나타난 삼위일체 하나님이었다. 구약성서에서는 복수형 히브리어인 엘로힘이 하느님을 가리키는 단어로 사용된다. 또 '우리'라는 복수 인칭 대명사를 사용한다. 구약성서 이사야 9장과 다니엘 7장 등에서 메시아에 대한 예언이 언급되고 있다. 신약성경 중에서 요한은 요한1서에서 '하나님과 그의 아들인 예수 그리스도를 보냈다는 것을 믿는 것'이 계명을 지키고 하느님을 사랑하는 것이고, 또 그것을 증거하는 분이 성령이라고 시사하고 있으며, 그 셋은 하나라고 명확히 함으로 삼위일체설을 뒷받침하는 구절을 기록해 놓았다. 요한복음에서도 그리스도의 선재(先在)와 성령의 오심을 설명하여 삼위의 개념을 다루고 있다.

기독교에서 삼위일체설의 초기 기원은 기독론의 확장에서 시작되었다. 막 태동한 교회에서 AD 70년 유대 전쟁에서 유일하게 남은 바리새파 유대교, 인성을 강조하는 에비온주의, 신성의 영적 요소만을 강조하는 영지주의의 등장으로 기독교 뿌리를 흔드는 자극이 되었고, 육체를 가진 그리스도가 누구인지 논리적인 설명으로 신학 이론이 필요했다. 이즈음에 형성된 신약 성경을 바탕으로 그리스도(기독)론과 그 존재 이유에 대한 설명인 삼위일체설이 등장하였다. 삼위일체는 점차 발전하여 이 세상을 설명하는 세계관과 신학적 지침으로서 기독교에 중요한 교리가 되었다. 예수 그리스도가 하느님의 아들로 보내졌고, 그 아들이 이 땅에 존재했으며, 십자가에 못 박혀 죽고 부활한 후에도 함께하는 주, 즉 기독교가 고백하는 주에 대한 새로운 설명이 요청되었다. 새로운 개념은 325년 니케아 공의회와 381년 콘스탄티노플 공의회에서 예수와 성부가 동일 본질이라는 관념을 더욱 발전시키고 논리적으로 체계화시켜 삼위일체로서 확정했다. 니케아 공의회 이전부터 교부들 사이에서 받아들여지던 '동질적이고 하나의 실체로 된 아들과 아버지'라는 관념에 도전하여 삼위일체를 부인한 아리우스는 제1차 니케아 공의회에 의

하여 파문되었다.

  공의회의 결정 이전에 1세기 사도 교부인 로마의 클레멘스의 삼위 언급 즉 '하느님의 사심, 주 예수 그리스도의 사심, 성령으로'라고 고백하는 문헌과 성육신 이전 예수 그리스도의 선재를 받아들이는 기록이 있다. 2세기를 맞으며 기독교 이론가들은 성부와 성자의 관계를 설명하는 틀을 신학적으로 마련하고자 애썼다. 2세기의 신학자 이레니우스의 경세적 삼위일체설의 등장과 이후 초대 기독교 전승을 기록한 사도 전승에서 이미 삼위일체 개념을 따라 서품되는 감독자의 기도문이 있으며, 그 후 3세기 신학자의 삼위일체설을 바탕으로 4세기 공의회의 결정이 이루어졌다. 삼위일체의 개념은 4세기경에 고안되었다고 보는데, 일부 종교학자들은 삼위일체설이 기독교의 개념에 기반을 두고 있다는 것을 부인하고 있고, 또 이는 하느님의 본성에 대한 초기 기독교에서 비롯되었다는 주장도 있으며, 기독교 선교 이전 플라톤이 주장하던 성 삼위일체의 개념에서 가져온 설이라는 주장도 있다. 현재 기독교의 주요한 종파들은 삼위일체를 중심적인 교리로 삼고 있다. 요한복음 14장에서 설명된 것처럼 예수 그리스도는 공생애를 통하여 자신이 곧 하느님이라는 사실과, 자신이 성부의 독생자로서 성부와 영원한 관계에 있다는 사실과, 성령도 하느님으로서 하느님의 일을 한다는 점을 보여주었으며,

하느님은 '절대 단독주체(Absolute Singleness)'가 아니며 성부, 성자, 성령 삼위가 하나이며 이를 통하여 예수는 삼위일체의 그 자체였다고 주장한다. 그러나 삼위일체가 모든 기독교 종파의 주요 교리로 사용되지는 않는다. 니케아 신경과 보편교회의 세계 공의회 전통을 거부하는 일부 교파에서는 비성경적 논리에 불과하다며 삼위일체설을 부인하기도 한다.

필자는 중학교 학창 시절에 삼위일체라는 말을 영어 참고서 표지에서 처음으로 대하였다. 그 참고서가 기본적인 영어 학습 분야에서 학생들의 영어 실력을 늘려 준다는 뜻에서 삼위일체란 말을 붙이지 않았나 싶다. 정확히 어느 분야를 언급하고 있었는지 기억이 나지는 않지만, 당시에 강조하던 문법(grammar), 어휘(vocabulary) 같은 읽고(reading), 쓰는(writing) 문제에 치중하지 않았을까 생각한다. 그 뒤에 미국의 대학에 유학을 가는 등 영어권에 진출하기 위해서는 말하고(speaking), 듣는(listening) 문제가 강조되었다. 그래서 필자는 유학 전에 별도로 녹음용 테이프가 들어 있는 교재를 사서 공부하고, 미군 방송인 AFKN(American Forces Korea Network)에서 뉴스를 청취하지 않았나 싶다.

서양사에서 3국 동맹(triple alliance)이 유명하다. 국사에서는 삼국시대가 있다. 고구려, 백제, 신라가 좁은 한반도를 삼분(三分)한 시절을 말한다. 다른 말로 삼국정립(三國鼎立)의 시대라고도 한다. 솥 혹은 가마라고 하면 부산(釜山)에서 보이는 가마 부(釜) 자(字)가 떠오른다. 적어도 세 점이 있으면 그 위에 솥을 안정하게 받치고 걸 수 있다. 그래서 정립(鼎立)이라는 말이 유행하였다. 신라가 대륙의 당(唐)을 끌어들여 백제와 고구려를 멸망시키고 통일신라를 이룬 후 우리 한민족의 무대는 한반도였다. 오늘날에도 둘로 나누어진 한반도의 남쪽에서 동서로 또 갈리고 있는 현실이 이러한 역사적 이유 때문이라는 말도 있다. 그보다 훨씬 전에 중국의 대륙에도 삼국시대가 있었다. 유비, 조조, 손권으로 대표되는 각축전을 삼국지(三國志)라는 이름으로 어릴 적에 만화와 신문 연재로 읽은 기억이 있다. 많은 책사와 장군들이 각자의 주군(主君)을 위하여 활동하였다.

　삼세번이라고 '가위, 바위, 보'를 하든지 내기를 할 때, 세 번은 해 봐야 한다는 말이 있다. 삼인성호(三人成虎)라고 '세 사람만 우겨대면 없는 호랑이도 만들어 낸다'라는 속담이 있고, '세 살 버릇 여든까지 간다'라고 하여 어린 시절에 들인 버릇은 좀처럼 고치기 어렵다는 속담도 있다. 삼매경(三昧境)은 불교의 용어로 잡념을 버리고 한 가지 일에만 정신을 집중하는 일로서 독서 삼매경이 대표적인 일이다. 삼군(三軍)은 육・해・공군을 통틀어 이르는 말이다. 옛날에는 부모가 돌아가시면 장사를 지내고 나서 삼

우제(三虞祭)라고 세 번 제사를 지내고 묘소에 움막을 짓고 삼 년 동안 살았다고 한다. 삼년상(三年喪)이라고 부모의 상을 당하여 세 해 동안 기일에 특별한 제사를 지냈다고 하나 요즈음은 다 생략하는 것이 일반적이다.

4. 넷

○

○
●

　넷은 아주 인간적인 숫자이다. 우리는 우리 주위를 동서남북(東西南北)이라는 네 가지 방향으로 파악하고 생활하고 있다. 자신이 있는 주위를 잘 살피고 사주(四周)를 잘 경계하라는 말이 있다. 사방팔방(四方八方) 또는 사각팔방(四角八方)이라고 방향을 넷보다 더 잘게 쪼개 8가지로 파악하기도 한다. 어떤 사람이 동으로 10km 갔다가, 남으로 10km, 다시 서로 10km, 북으로 10km 갔다면 원점으로 되돌아올까? 아니다. 지구는 둥그니까 그렇지 않다가 답이다. 유클리드 기하학은 네 변의 길이가 같은 사각형(四角形)이라는 가정 아래 성립한다. 사각형을 순우리말로는 네모꼴이라고 부른다. 수학의 기하학에서 평면 위를 직각으로 교차하는 두 직선으로 네 등분(等分)하여 좌표를 삼기도 한다. 사차방정식(四次方程式)은 미지수의 최고 멱(冪) 즉 최고 차수가 4승(乘)인 항을 가지는 방정식을 일컫는다. 또한 더하기, 빼기, 곱하기, 나누기를 사칙연산(四則演算)이라고 한다.

　일년(一年)을 넷으로 나누어 봄(春), 여름(夏), 가을(秋), 겨울(冬)의 사시(四時) 혹은 사계(四季)로 표현한다. 경영학적으로 한 회계 연도를 4분기(四分期)로 나눈다. 한 달을 넷으로 나누기도 한다. 초하루를 삭(朔), 보름을 망(望), 등으로. 세상의 만물을 땅, 물, 불, 바람의 네 가지, 사계(四界)로 파악하기도 한다. 우리네 인생사(人生事)를 이야기하는 생로병사(生老病死)를 불교에서는 사고(四苦)라고 칭한다. 영어로 소식을 뉴스(news)라고 하는데, 네 방향에서 소식이 들어온다는 뜻에서 news는 North, East, West, South의 앞 글자의 합이라는 우스갯소리도 있다. '낮말은 새가 듣고, 밤말은 쥐가 듣는다'라는 속담이 있다. 세상에는 비밀이 없다는 이야기인데 한자어로 사지(四知)라고 하늘과 땅, 그리고 자신과 상대방이 알고 있다는 뜻이다. 짐승의 네다리를 사지(四肢)라고 한다. 사람은 직립보행으로 두 다리로 걷지만, '사지가 멀쩡한 사람', '사지를 뻗는다' 등의 표현을 쓴다.

군대 이야기를 하려고 한다. 병사들은 4분대를 구성하여 1개 소대를 이룬다. 1소대부터 3소대까지 있고, 본부소대에는 중대장과 그를 모시는 인사계와 여러 명이 있다. 1~3중대가 있고, 본부중대에 대대장과 대대 직속 병사와 여럿의 참모들이 있다, 대대별로 병영이 있나 본데, 1~3대대가 있다. 영어로 A(Alpha), B(Bravo), C(Charlie) 대대가 있다. 본부대대에는 연대장과 직할 부대와 참모들이 여럿 있다. 연대 둘은 전방에, 하나는 후방에 주

둔하고, 각 연대는 별도의 번호로 된 이름이 부여되어 있다. 사단본부에는 사단장과 인원수는 적어도 각종 직할 병사와 참모들이 존재한다. 병사들의 복무 기간이 줄어들고, 인구가 줄다 보니 요즈음은 오래된 사단이 없어지고 있다. 군사 기술이 변천하고 젊은 병사들의 취향도 달라지다 보니, 옛날의 '알보병'이 줄어든다고 한다.

군대 이야기로 너무 딱딱하니까 음악으로 돌아가려고 한다. 현악사중주(四重奏)는 두 개의 바이올린과 비올라와 첼로로 구성된다. 피아노 사중주는 피아노, 바이올린, 비올라, 첼로가 연주한다. 합창으로 소프라노(soprano), 알토(alto), 테너(tenor), 베이스(base)로 구성되는 사중창(四重唱)이 있고, 구성원에 따라 남성, 여성, 혼성 사중창단이 존재한다. 합창단에는 각 성부(聲部)를 맡은 사람이 여럿 있는데, 옆 파트의 영향을 받지 않고 지조를 지키기가 여간 어렵지 않다. 한참을 가다 보면 이상한 소리가 난다고 지휘자(conductor)가 지적하게 된다. 그러면 다음번에는 이상한 소리를 내던 사람은 조용히 가만히 있게 된다. 필자도 성가대에서 베이스 파트에 있은 적이 있었는데, 그때 조용한 베이스(silent base) 멤버였다. 음악에는 시간을 규정하는 부호로 사분음표(四分音標)가 있다.

그런데 막상 우리 일상생활에서는 사(四) 자(字)를 싫어한다. 한자어인 '죽을 사(死)' 자(字)와 발음이 같기 때문이다. 군대에서는 사(四)가 들어가는 말을 될 수 있으면 피한다. 예를 들어 4사단(師團)이나 14사단, 40사단 등이 없다. 주위의 아파트나 큰 건물을 보면 사층(四層)이 없거나, 방의 명칭에서 4자를 쓰지 않는 경우가 많다.

우리 일상생활에서 많이 듣고 쓰는 말이 '싸가지 없다'라는 말이다. 이 말을 '뚱뚱한 놈', '키 작은 놈', '인기 없는 놈', '촌스러운 놈', 이렇게 넷이 없다는 뜻이라고 하는 코미디를 보고 웃은 적이 있다. '싸가지 없다'라는 말은 주로 손윗사람이 손아랫사람에게 예의 바르지 못하다고 나무랄 때 쓰는 말이다. 도대체 '싸가지'의 정확한 뜻은 무엇일까? 그저 버릇이 없다거나 윗사람에 대한 예의가 없다는 정도로 가볍게 쓰이고 있다. 먼저 유교에서 말하는 '인의예지(仁義禮智)'의 4가지가 없다는 데서 '싸가지'의 어원을 찾을 수 있겠다. '싸가지 없다'는 인간이 갖춰야 할 네 가지 덕목인 '인의예지(仁義禮智)'의 '네 가지가 없다'라는 뜻이다. 인(仁)은 측은지심(惻隱之心)으로 불쌍한 것을 보면 가엾게 여기고 정을 나누는 마음이다. 의(義)는 수오지심(羞惡之心)으로 불의를 부끄럽게 생각하고 악한 것은 미워하는 마음이다. 예(禮)는 사양지심(辭讓之心)으로 자신을 낮추고 겸손하며 남을 위해 사양하고 배려할 줄

아는 마음이다. 지(智)는 시비지심(是非之心)으로 옳고 그름을 가릴 줄 아는 마음이다. 옛 한양(漢陽)인 서울로 들어오는 사대문(四大門)의 이름에 이 네 가지가 들어있다. 즉 동쪽의 흥인지문(興仁之門), 서쪽의 돈의문(敦義門), 남쪽의 숭례문(崇禮門), 북쪽의 숙정문(肅靖門)이 그것들이다. 바로 이 인(仁), 의(義), 예(禮), 지(智)의 4 가지가 없는 사람을 '사(四) 가지 없는 사람'이라 했고 이것이 변하여 '싸가지 없는 놈'이 되지 않았나 생각된다. 한편 국어사전에는 '싸가지'는 '싹수'와 같다고 되어 있다. '싹수'의 사전적 의미는 '앞으로 잘 트일 만한 낌새나 징조'라고 한다. '싸가지'는 '싹수'의 전라도 사투리라는 말도 있다. '싸가지'는 '싹+아지'에서 왔는데, 송아지, 강아지, 망아지의 '아지'가 같은 접미사이다. 그렇다면 싹아지 즉 싸가지란 말은 아주 작은 싹이라는 의미이고 '싹수가 없다'라는 말은 작은 싹도 틔우지 못할 것이라는 의미로 미래에 희망이 전혀 없다는 절망적인 표현이 되는 셈이다.

5. 다섯

'오월(五月)은 푸르구나. 우리들은 자란다.' 이 말은 어려서 부르던 동요의 한 구절이다. 봄이 오면 몇 가지 꽃이 피고 지고 나서, 초목은 곧 녹색의 색깔로 갈아입는다. 드디어 신록(新綠)의 계절이 다가온 것이다. 우리말은 청색과 녹색을 특별히 구분해서 표현하지 않는다. 청춘(靑春)이나 '청색(靑色) 신호등'이라는 말에서 볼 수 있다. 이러한 현상은 필자의 '생활과학 에세이 시리즈 제1권'인 '드림 스펙트럼'에서 다루었다.

'독수리 오형제(五兄弟)'란 말이 있다. 전래동화나 만화의 소재였는데 근래에는 TV 드라마의 소재가 되고 있다. 혈육 관계가 아니어도 다섯 명의 친한 친구 사이가 있으면 붙이는 이름이다. 한편 오거리란 말이 있다. 보통 '천안삼거리'에서 보듯 삼거리가 아니면 사거리인데, 교차로에서 하나 더 뻗은 길이 나 있으면 오거리라고 한다. 우리나라에서 오거리로는 경기도 성남의 '단대오거리', 인천의 '간석오거리', 서울의 '가리봉오거리'와 '안암오거리' 등이 유명하다.

교차로에서 여러 갈래로 난 길을 이야기하면 파리의 개선문(Arc de Triomphe)을 빼놓을 수 없다. 파리의 명물 중에서 에펠탑이 여성미를 뽐낸다고 하면 개선문만큼 남성적인 건축물은 없다고 말한다. 개선문은 평야 지대에 펼쳐져 있는 파리 시내에 존재하는데, 보통 샹젤리제(Champs-Elysees) 거리의 중심에 있는 '별'이라는 의미의 에투알(Etoile) 개선문이 떠오르는데 실제로는 두 개의 개선문이 더 있다고 한다. 이 셋은 샹젤리제 거리에서 일직선으로 연결되어 있는데 곧 카루젤(Carrousel), 라데팡스 그랑데 아르슈(La Defence Grande Arche) 개선문이라고 한다. 이중 에투알 개선문은 프랑스 혁명과 나폴레옹 전쟁 시기에 죽은 프랑스 병사들을 기리기 위하여 1806년 착공되어 1836년에 완공되었다.

다섯 즉 오(五)에 연관된 말 중에 부정적인 의미가 있다. 사분오열(四分五裂)이 대표적이다. 의견이나 주의가 네 갈래 다섯 갈래로 갈라져 의견통일이 안 되는 경우를 의미한다. 조직의 분열을 유발하게 되는 불행한 경우를 초래하게 한다. 군대에서 4개 분대의 열이 모여 1개 소대를 이루게 됨을 앞 절에서 이야기하였다. 그런데 4개의 열 이외에 제5열이 있을 수 있다. 제5열은 내부에 있으면서 외부의 반대 세력과 내통하고 있는 집단을 의미한다. 스페인 내전에서 프랑코 장군이 지휘하는 군대가 왕당파가 방어하고 있는 마드리드 시내를 포위하고 있으면서 시내에도 프랑코 장군을 지지하는 부대가 있다는 소문을 퍼뜨려 왕당파의 내부 분열을 유도했다는 데서 생겨났다고 한다. 직접 스페인 내전에 참전했던 미국의 소설가 헤밍웨이의 소설 중에 그 이름이 제5열(The fifth column)인 소설이 있다. 오열(五列)은 요즘 말로 우리 편의 후방에서 암약하는 간첩을 의미한다. 우리의 조직에서 오열은 반드시 색출하여 발 붙이지 못하게 하여야 한다. 그래야만 사후에 땅을 치고 우리가 오열(嗚咽)하는 일을 막을 수 있게 된다.

　5계(五戒)는 불교에서 구도자(求道者)가 지켜야 할 5종의 계(戒)를 의미한다. 계(戒)란 본래 '관습이 된 행위'라는 뜻이다. 5계를 어기면 5악(五惡)을 범하게 된다. 보통 5계는 다음과 같다. 첫째 불살생(不殺生): 살아 있는 것을 죽이지 않는다. 살생(殺生)은 불살생(不殺生)의 계를 어기는 것을 말한다. 살생은 살인(殺人)보다는 대상이 더 광범위한데, 중생을 죽이는 것, 즉 사람이나 동물 등 살아 있는 것을 죽이는 것을 말한다. 둘째, 불투도(不偸盜): 도둑질하지 않는다. 투도(偸盜)는 불투도(不偸盜)의 계를 어기는 것을 말한다. 즉 도둑질, 남의 것을 훔치는 것, 남의 재물을 훔치는 것, 또는 남이 주지 않는 것을 가지는 것을 말한다. 셋째, 불사음(不邪婬): 아내 이외의 여성, 남편 이외의 남성과 부정한 정교를 맺지 않는다. 사음(邪婬)은 불사음(不邪婬)의 계를 어기는 것을 말한다. 즉 배우자가 아닌 사람과 부정한 정교를 맺는 것, 즉 아내 이외의 여성, 남편 이외의 남성과 부정한 정교를 맺는 것을 말한다. 단, 배우자라고 하더라도 시간, 장소, 방법 등이 부적당한 경우 사음에 해당한다. 또는 남녀 간에 저지르는 음란한 짓을 말한다. 사음을 비범행(非梵行) 또는 음행(婬行)이라고도 한다. 넷째, 불망어(不妄語): 거짓을 말하지 않는다. 망어(妄語)는 불망어(不妄語)의 계를 어기는 것을 말한다. 즉 거짓말을 하는 것, 거짓을 말하는 것, 또는 헛된 말을 하는 것을 뜻하며, 특히 남을 기만(欺瞞)하거나 사기(詐欺)를 치기 위해 거짓말을 하는 것을 말한다. 다섯째, 불음주(不飮酒): 술을 마시지 않는다. 음주(飮酒)는 불음주(不飮酒)의 계를 어기는 것 즉 술 마시는 것을 말한다. 음주는 5악 중 4가지 악인 살생·투도·사음·망어를 범하는 동기가 되므로 5악에 포함시켜 경계하였다.

중국·한국·일본 등의 동아시아 불교에서는 유교의 인(仁)·의(義)·예(禮)·지(智)·신(信)의 5상(五常)에 순서대로 불살생·불투도·불사음·불음주·불망어를 대비시켰다. 유교를 숭상하던 조선의 한양에서 사대문 안 중앙쯤에 보신각(普信閣)을 세웠다. 한편 불교를 숭상하던 신라시대 진평왕 때에 원광법사가 제정하였다고 하는 화랑오계(花郎五戒)가 있다. 화랑오계는 신라 화랑들이 지켜야 할 5가지 계율로, 일명 세속오계(世俗五戒)라고도 한다. 이는 군사적 역량과 도덕적 가치를 결합한 교육 원칙으로, 화랑도의 핵심 정신을 형성했다. 그 다섯 가지 내용은 다음과 같다. 사군이충(事君以忠): 군주를 충성으로 섬긴다. 사친이효(事親以孝): 부모를 효도로 모신다. 교우이신(交友以信): 친구와의 관계에서 신뢰를 중요시한다. 임전무퇴(臨戰無退): 전투 시 후퇴하지 않고 맞서 싸운다. 살생유택(殺生有擇): 살생은 정당한 이유와 대상에 한하여 선택적으로 행한다.

장군은 군대의 꽃이다. 장군을 영어로 General이라고 한다. 젊은이가 장교로 밥풀때기 한 개인 소위로 임관하고 나서 중위를 거쳐 대위가 된다. 그 뒤 무궁화 혹은 말똥 계급장 하나인 소령을 달고 그 뒤에 중령, 대령이 된다. 보통 많은 이들이 영관급 계급장을 무궁화라고 알고 있는데 사실은 대나무 잎이라고 한다. 이 중에서 심사를 거쳐 별(star) 하나인 준장(Brigadier General)이 된다. 옛날에 우리나라가 신생국이고 전쟁이 한창이던 때는 이십 대에도 별을 달았지만, 요즘은 40세는 되어야 별을 달 수 있다. 별을 단 후에 대우가 많이 달라진다고 한다. 그 뒤에 별 두 개를 소장(Major General), 별 셋을 중장(Lieutenant General), 별 넷을 대장(General)이라고 한다. 북쪽에서는 각각 소장, 중장, 상장, 대장이라고 하는 모양이다. 옛날에는 우리나라에 별 둘이 제일 높을 때도 있었고, 중장이 제일 높을 때도 있었지만, 지금은 별 넷인 대장만 해도 전체적으로 7명이나 된다. 똥별이라는 농담 섞인 말도 생겨났다. 이러한 제도의 원조인 미국에서도 한때는 별 셋이 제일 높은 계급인 때도 있었다. 남북전쟁, 세계대전, 한국 전을 거치면서 군인의 수요가 늘어나고 군의 사기(士氣) 진작(振作) 차원에서 더 높은 계급으로 별 다섯을 만든 적이 있었다.

보통 별 다섯을 단 사람을 원수(元帥)라고 하는데 영어로 Marshall이다. 우리에게 익은 이름으로 세계 2차대전 무렵 미군의 성장을 견인하고 대전 이후 국무장관을 역임하며 유럽의 부흥을 이끈 마셜 2세(George C. Marshall Jr, 1880~1959), 세계 2차대전 중에 태평양 방면 미군 총사령관과 전후에 일본의 군정 책임자 그리고 한국전쟁 중에 연합군사령관을 지내면서 인천상륙작전을 지휘한 맥아더(Douglass MacArthur, 1880~1964), 세계 2차대전 중에 유럽의 사령관과 전후 미국의 대통령까지 연임한 아이젠하워(Dwight D. Eisenhower, 1890~1969) 등이 있다. 이들은 원수지만 미 육군의 최고 통수권자가 아니었으며, 결국 명예직인 셈이다. 이들보다 선배로 세계 1차대전의 영웅 퍼싱(John J. Pershing, 1860~1948)이 있다. 그도 육군 대원수(General Of the Armies) 자리에 있었지만, 최근에 미국 의회는 1대 대통령 워싱턴(George Washington, 1732~1799)만 그 직위를 인정하고 지금은 미군에서 별 넷이 최고 높다. 우리도 대통령이 국군의 최고원수(最高元首)라고 헌법에 규정되어 있다.

오곡(五穀)은 쌀, 보리, 콩, 조, 기장의 다섯 가지 곡식을 의미하는데, 온갖 곡식이라는 뜻이다. 한의학에서 인간의 내장 기관을 총칭하여 일컫는 말로 오장육부(五臟六腑)가 있다. 먼저 오장(五臟)은 간(肝), 심(心), 비(脾), 폐(肺), 신(腎)으로 각각 순서대로 간, 심장(염통), 췌장(지라 혹은 이자), 허파, 신장(콩팥)을 칭한다. 육부(六腑)에 대해서는 다음 절에서 다루고자 한다.

6. 여섯

○

○
●

    오장육부(五臟六腑), 즉 우리의 배 속 기관 중에서 장(臟)은 내부가 충실한데, 반대로 부(腑)는 비어 있을 수 있는 기관을 의미한다. 육부(六腑)는 위, 소장(작은창자), 대장(큰창자), 담(쓸개), 방광(오줌보), 삼초(三焦)를 의미한다. 이중 삼초는 해부학상의 기관 이름은 아니며, 상초(上焦) • 중초 • 하초로 나뉘어 각각 호흡기관 • 소화기관 • 비뇨생식기관을 가리킨다. 여기서 초(焦)는 우리가 많이 쓰는 표현에 애를 태워서 '초조(焦燥)'하다고 할 때 쓰는 한자어이다. 애가 타서 마음이 조마조마한 것을 '초(焦)가 조(燥)하다', 즉 마른다고 표현한 것이다. 비슷하게 '간담(肝膽)이 서늘하다', '비위(脾胃)가 상한다'라는 관용구도 쓴다. 관련된 관용어 중에 오장칠부(五臟七腑)라는 말이 있다. 흥부전에서 놀부가 오장육부에 심사부(心思腑), 혹은 심술보 하나가 더 있어서 천성이 못 되었다는 설정이 있다. 육이 들어가고 흔히 듣는 말에 육두문자(肉頭文字)가 있는데, 이는 상스러운 말로 다른 한자를 쓴다.

    여섯의 한자어는 육(六)이다. 공간을 빈틈 없이 메울 수 있는

도형이 바로 육각형(六角形) 모양이라고 한다. 육방정계라고 결정 구조의 한 가지를 이르는 말도 있다. 벌집의 평면도를 보면 모두 육각형이다. 세포(cell)도 육각형을 갖추고 있다고 생각하고 있다. 영어로 휴대전화를 cellular phone이라고 하는데, 휴대전화 신호의 중계국(repeater)이 육각형의 한 꼭지점에 위치한다. 각 꼭지점에서 보면 세 개의 중계국이 연결되어 있다. 과학·기술적인 영역에서 육가(六價) 크롬(Chrome)이 공산품의 제조 과정이나 최종 제품에 있어서는 안 된다. 크롬 원소는 2, 3, 6가의 세 가지 원자가(原子價)를 갖는데, 원자가가 6가인 경우 독성이 매우 강한 화합물을 만들어서 그 존재를 엄격하게 법으로 규제하고 있다. 육대주(六大洲)는 지구상의 여섯 개의 대륙, 즉, 아시아, 아프리카, 유럽, 오세아니아, 남아메리카와 북아메리카 대륙을 이른다.

옛날 우리 정부 기관에 육조(六曹)라고 있었다. 고려와 조선 시대에 국무를 처리하던 여섯 개의 관청으로서 이조(吏曹), 호조(戶曹), 예조(禮曹), 병조(兵曹), 형조(刑曹), 공조(工曹)를 말한다. 그 수장을 조선 시대에는 판서(判書)라고 하였다. 요즈음은 장관이라고 부르는데, 사회가 복잡해 짐으로서 관청의 수도 늘어나서 장관급이 거의 20개가 된다. 육법(六法)이라고 헌법, 민법, 상법, 형법, 민사소송법, 형사소송법 등 여섯 가지 법률을 뜻한다. 육법과 그것에 딸린 법규를 모아 놓은 책을 육법전서(六法全書)라고 부른다. 육의전(六矣廛)이라고 여섯 가지의 품목을 취급하는 가게가 옛날에 있었는데, 나름대로 상도의(商道義)가 확립되어 있었고 분쟁 해결을 위해서 구성원들의 투표 제도도 있었다고 한다.

    육월(六月)을 유월이라고 부른다. '오뉴월 감기는 개도 안 걸린다'라는 말은 여름철에 감기를 앓는 사람을 조롱하여 이르는 말이다. 여기서 5, 6월은 음력이다. 육갑(六甲)은 육십갑자의 준말이다. 갑(甲), 을(乙), 병(丙), 정(丁), 무(戊), 기(己), 경(庚), 신(辛), 임(壬), 계(癸)의 열 개의 천간(天干)과 자(子), 축(丑), 인(寅), 묘(卯), 진(辰), 사(巳), 오(午), 미(未), 신(申), 유(酉), 술(戌), 해(亥)의 열두 개의 지간(地干)의 합쳐져서 갑자(甲子), 을축(乙丑), 병인(丙寅) 하는 식으로 10과 12의 최소공배수인 60년이 되면 원래의 천간과 지간으로 돌아오게 된다. 만약 갑오(甲午) 생(生)이면 갑(甲)이 들어간 해가 여섯 번, 오(午)가 들어간 해가 다섯 번 지나면 다시 갑오년이 된다. 이를 환갑(還甲)이라 하고, 옛날에는 그 생일에 큰 잔치를 베풀었으나 요즈음에는 수명이 늘어나서 환갑이 되어도 어린아이 취급하곤 한다. 옛날 노인들은 육십갑자를 술술 외워 그 자리에서 묻는 사람의 '육갑을 짚어서' 그 사람의 나이와 띠를 정확히 맞추곤 하였다. 격에 맞지 않는 짓을 한다는 뜻으로 '육갑 떤다'라고 해서 남의 행동을 얕잡아 이를 때 쓴다.

7. 일곱

○

○
●

　구약전서(The old testament) 제일 앞머리 창세기(Genesis) 1장에 천지창조에 관한 기록이 나온다. 땅이 혼돈하고 공허하여(the earth was formless and empty), 흑암이 깊음 위에 있을 때(darkness was over the surface of the deep), 하나님이 빛이 있으라(Let there be light)고 하니 빛이 있었다(1장 3절). 빛을 낮이라 칭하고 어두움을 밤이라 칭하였다. 저녁이 되며 아침이 되니 이는 첫째 날이다(1절 5절). 둘째 날에 궁창(an expanse)이 생겼고 궁창 아래의 물과 궁창 위의 물로 나누어 놓았다. 셋째 날에 물들을 한곳으로 모이게 하고 이를 바다(seas)라 칭하고 물이 없는 곳을 뭍 곧 땅(land)이라 칭하고 땅 위에 온갖 식물(植物)이 창조되었다. 넷째 날에 하늘의 궁창에 광명(light)이 있어 주야를 나뉘게 하고 징조(signs)와 사시(seasons)와 일자(days)와 연한(years)이 있게 하였다. 두 큰 광명을 만들었는데 큰 광명으로 낮을 주관하게 하고 작은 광명으로 밤을 주관하게 하며 또 별들을 만들었다. 다섯째 날에 물은 생명을 번성케 하고(Let the water teem with living creatures), 땅 위 하늘의 궁창에는 새가 날게 하고 물고기가 물에서 번성하게 하였다. 여섯째 날 땅에 모든 생물을 창조하고 하나님의 형상대로(in his own images) 남자와 여자를 창조하였다. 그리고 일곱째 날에 모든 일을 마치고 안식(rest)에 들었다(창세기 2장 3절).

위 사실을 믿든 말든 이와 같은 기록에 따라 우리는 일주일을 7일로 만들어 공적으로나 사적으로 지키고 있다. 월(月), 화(火), 수(水), 목(木), 금(金), 토(土), 일(日)로 요일의 이름을 정하기는 우리나라나 일본의 일이고 정작 한자를 쓰는 중국에서는 성기(星期)를 일요일로 치고 숫자로 표시하고 있다. 영어로는 Monday, Tuesday, Wednesday, Thursday, Friday, Saturday, Sunday 이고 서구어마다 비슷한 말로 표현하고 있다. 요즘 달력에는 일요일을 제일 앞머리에 놓고 있다. 일요일에는 집에서 쉬든가 교회에 가서 예배를 드린다. 필자가 젊었을 때는 토요일을 반공일(半空日)이라고 하여 학교나 직장에서 오전 근무를 하고 오후부터 쉬었으나 요즈음은 금요일이 주말이 되었다. 기계의 발달로 생산성이 올라가서 주(週) 5일 근무면 충분하다고 하고, 일부 나라에서는 주 4일 근무를 주장하기도 한다. 그러나 일부 사람이 직장의 일에서 벗어나 쉴 때 이들의 유흥을 위해 근무할 사람이 필요해진다.

이렇듯 보통 사람의 생활은 국가에 관계없이 7일 주기로 반복

되고 있다. 이렇게 서양 문명 특히 요즈음의 세계 문명은 7을 좋아하고 있다. 대표적으로 빛을 나누면 무지개가 되는데, 그 색깔을 빨강, 주황, 노랑, 초록, 파랑, 남색, 보라의 일곱 가지로 나누어 부른다. 이는 기독교 문명의 영향을 받은 영국의 뉴턴(Sir Isaac Newton, 1642~1727)의 분류에 따른 것이고, 학교에서도 이렇게 가르친다. 빛과 색 이야기는 필자의 첫 번째 책 '드림 스펙트럼'에서 자세히 다루고 있다. 우리의 전통 색감에 의하면 오방색(五方色) 즉 다섯 가지로 사물의 색을 표현하고 있다. 요즘의 과학 이론에 의하면 세 가지 빛, 곧 RGB, 즉, 빨강(Red), 초록(Green), 청(Blue)의 조합으로부터 무수히 많은 색깔이 나온다고 알려져 있다. 이러한 기독교의 영향은 색깔뿐만 아니라 음악에도 영향을 끼쳤다. 즉 서양음악의 음계는 도(Do), 레(Re), 미(Mi), 파(Fa), 솔(Sol), 라(La), 시(Si), 도(Do)의 일곱 개로 나누어져 있다. 동양에서는 궁(宮), 상(商), 각(角), 치(徵), 우(羽), 오음(五音)으로 파악하고 있다. 그리고 일반 생활에서도 러키세븐(Lucky Seven)이라고 7을 좋아한다. 여객기의 기종 이름도 7이라는 숫자를 많이 쓴다.

동양 특히 불교에서도 칠(七)이라는 숫자를 좋게 생각해 왔다. 7월 7일을 칠월칠석(七月七夕)이라고 견우와 직녀가 만나는 날이라는 설화가 있다. 아이가 태어난 지 일곱 번째 되는 날을 초이레라고 하였다. 사람이 죽으면 사십구제(四十九祭)라고 특별한 날을 기념한다. 일곱이레라고 하면, 칠칠(七七)은 49 곧 7×7 = 49 라는 초급수학과 연결된 말이다. 칠보(七寶)라고 불교에서 이르는 일곱 가지 보배를 뜻하는데, 칠보단장(七寶丹粧)이나 칠보족두리 등에서 볼 수 있다. 불교에서 극한의 확률인데 이승에 일곱 번 다시 태어나는 일을 칠생(七生)이라고 한다. 북극성 근처에서 돌고 있는 국자 모양으로 배열하고 있는 일곱 개의 별자리를 북두칠성(北斗七星)이라고 한다. 칠성각(七星閣), 칠성단(檀), 칠성당(堂), 칠성판(板) 등도 같은 어원이다.

밴 지 일곱 달 만에 태어난 아이를 칠삭둥이라고 한다. 아주 어리석은 사람을 조롱하여 부르는 말인데, 조선 시대의 풍운아 한명회(韓明澮, 1415~1487)도 칠삭둥이라지 아마. 요즈음은 만혼(晚婚)이 대세라 임신하기도 어렵고, 생기기만 하면 칠삭둥이라도 인큐베이터에서 잘 자라고 있다. 칠순(七旬)이라고 요즈음은 회갑인 60세는 그냥 지나치고 칠십 세에 생일 잔치를 베푼다. 보통 고희(古稀)라고 표현하는데, 이 말은 인생칠십고래희(人生七十古來稀)라는 두보(杜甫, 712~770)의 시에서 따온 말로서 예로부터 사람이 칠십을 살기는 드문 일이라는 뜻이라고 한다. 공자(孔子, 551 BC ~ 479 BC)는 향년이 72세로 당시로서는 오래 살았다. 그가 40세를 불혹(不惑), 50세를 지천명(知天命), 60세를 이순(耳順)이라고 했는데, 인생 70세를 칠십이종심소욕불유구(七十而從心所欲不踰矩)

라고 했다. 이 말의 뜻은 나이 일흔에는 마음이 하고자 하는 대로 하더라도 그것이 법도에 벗어나지 않았다고 한데서 70세를 가리키는 말로 굳어졌다. 줄여서 종심(從心)이라고 하기도 한다. 이제 백세시대(百歲時代)를 맞아 인생 70세는 그야말로 청춘이다. 공자도 인생 80, 90, 100세에 관한 문자는 쓰지를 못하였다. 운칠기삼(運七機三)이나 기삼복칠(氣三福七)이라 했던가?

8. 여덟

○

○

　중국인들이 좋아하는 숫자가 8이라고들 말한다. 발전(發展), 발재(發財), 발화(發火) 등에 들어가는 발(發) 자가 숫자를 의미하는 팔(八) 자와 발음이 비슷해서 나왔다고 한다. 불이 붙어 활활 타듯이 재산이 늘어나서 돈을 많이 벌게 된다는 인간의 욕망과 관계가 있나 보다. 그래서인지 전화번호나 자동차 등록번호도 8이 많이 들어가는 번호를 중국 사람들은 좋아한다. 우리도 사업하는 사람들이 좋아하는 번호가 있는데, 5989나 8989 등이 있다. 우리는 '팔다(sell)'라는 의미로 숫자 팔(8)을 좋아한다. 우리가 숫자로 된 말 중에 9988, 1234라는 말을 많이 알고 있는데, 구십구세까지 팔팔하게 지내다가 하루, 이틀, 사흘 시름시름 앓다가 나흘째에 죽는 사람이 행복하다는 뜻이란다. 우리말의 활활, 팔팔 등이 발음이 숫자 팔(8)과 비슷해서 8은 우리도 좋아하는 숫자라고 본다.

　숫자 8은 동양인들만 좋아한 건 아닌가 보다. 마태복음 5장 1~12절에 보면 예수가 산에 올라 산상수훈 설교를 하는데 여덟 가지 복에 관하여 말한다. 이를 이른바 산상(山上) 팔복(八福)이라고 말하는데, 심령이 가난한 자, 애통(哀痛)하는 자, 온유한 자, 의에 주리고 목마른 자, 긍휼히 여기는 자, 마음이 청결한 자, 화평케 하는 자, 의를 위하여 핍박받은 자는 복이 있다고 한다. 이 구절에서는 각 처지에 있는 사람들이 받을 복에 대하여도 언급하고 있다. 불교에서도 팔(八)이라는 말을 많이 사용하였다. 팔만대장경(八萬大藏經), 팔대명왕(八大明王), 팔만지옥(八萬地獄), 팔복전(八福田) 등의 말에서 볼 수 있다.

동서남북의 네 가지만을 이야기하기가 너무 단조로워서 그 사이사이 방위까지 표현하면 여덟 가지가 된다. 팔각형이 곧 그것인데, 우리는 정자도 이 점을 고려하여 팔각정을 지었다. 옛 서울에서 동에 흥인지문(興仁之門), 서에 돈의문(敦義門), 남에 숭례문(崇禮門), 북에 숙정문(肅靖門)의 사대문(四大門) 이외에 동북에 혜화문(惠化門), 동남에 광희문(光熙門), 서남에 소의문(昭義門), 서북에 창의문(彰義門)의 사소문(四小門)을 세워 전체를 한양의 팔대문(八大門)이라고 불렀다. 수원시에 가면 팔달문(八達門)이 있다. 교통이 잘 발달한 지역이나 여러 가지를 막힘없이 잘 아는 경우를 사통팔달(四通八達)이라고 표현하였다. 조선 팔도(八道)라고 경기도, 충청도, 경상도, 전라도, 강원도, 황해도, 평안도, 함경도로 한반도를 8개의 행정구역으로 나누어 다스렸다. 그러나 분단 이후에

남북이 각각 행정구역을 더 잘게 쪼개었다.

　일곱 번 넘어지고 여덟 번 일어난다는 뜻으로 칠전팔기(七顚八起)라는 말이 있다. 필자 또래의 우리나라 복싱 선수로 홍수환(1950~)이 있는데, 한창때인 1977년에 파나마 선수에게 맞아 2라운드에서 네 번이나 넘어졌으나 다섯 번째 일어나 3라운드에서 상대편을 소나기 펀치로 몰아붙여 KO로 이긴 적이 있다. 이 사건을 빗대어 사전오기(四顚五起) 신화라고 하였다. 홍수환은 참 대단한 열정의 사나이다.

　서울특별시의 로고(휘장)가 지금은 해와 산과 강이 세 가지 색으로 칠하여진 모양이지만, 그전에는 사각형 두 개가 비스듬히 겹쳐 있는 흑백의 모양이었다. 1947년 제정된 로고로 당시 서울특별자유시를 둘러싸고 있는 남산, 와우산, 안산, 인왕산, 북악산, 낙산, 무학봉, 응봉을 뜻하는 8각을 형상화하였다고 한다. 서울 주변의 큰 산인 도봉산, 관악산 등은 당시에 행정구역상으로 서울에 속해 있지 않았기 때문에 끼지 못하였다고 한다. 서울이 확장되고 인구수가 변하면서 1996년에 휘장이 바뀌었다. 서울 시내에 오래된 맨홀 뚜껑에 옛 로고 문양이 새겨 있는데, 필자가 살고 있는 아파트의 주차장에서도 발견할 수 있었다.

서울특별시의 옛 로고가 맨홀 뚜껑에 새겨있다.

　우리 일반인이 자주 쓰는 말에 팔자(八字)라는 말이 있다. 이는 원래 사주팔자(四柱八字)의 줄임말로, 사람이 태어난 연(年), 월(月), 일(日), 시(時)에 해당하는 갑자(甲子), 을축(乙丑), 병인(丙寅), 정묘(丁卯) 같은 간지(干支) 여덟 글자를 가리킨다. 팔자소관(八字所管), 팔자타령(八子打令)이라는 숙명적인 인생관이 여기서 나왔는데, 관용적으로 '팔자가 늘어지다', '팔자가 세다', '팔자를 고치다' 등의 표현이 있다. 일상생활에서 팔자걸음, 팔자 주름 등의 말들을 많이 쓰는데, 그 모양이 한자어 팔(八)을 닮아서 나온 말들이다.

'사돈의 팔촌'이란 말이 있다. 팔촌은 증조할아버지끼리 형제인 후손 중에서 같은 항렬의 촌수이다. 다른 말로 삼종(三從)이라는 말도 쓴다. 재종(再從)은 6촌으로 할아버지끼리 형제이다. 종(從)은 사촌의 관계로 아버지끼리 형제이다. 오늘날 종이라는 말은 이종사촌(姨從四寸)이나 고종사촌(姑從四寸)이라는 말에서 본다. 이 말들은 시집간 어머니나 아버지의 여자 형제 소생의 명칭이다. 같은 집안의 아저씨뻘로 당숙(堂叔) 혹은 종숙(從叔)은 5촌, 재당숙은 7촌, 삼당숙은 9촌이 된다. 삼종이란 말은 2의 3승, 2x2x2=8, 즉 8촌이란 뜻이다. 이렇듯 우리의 촌수 따지는 방법은 참 과학적이고 수학적이다. 이렇듯 잘 따져 보지 않으면 8촌은 먼 친척이다. 요즘 젊은이들은 4촌만 넘으면 손사래를 친다. 그러니 '사돈의 팔촌'은 따져 볼 것도 없이 남이나 마찬가지이다.

우리의 일상생활에서 팔(八)이 들어가는 말을 자주 쓰고 있다. 제 달을 다 채우지 못하고 밴 지 여덟 달 만에 낳은 아이를 팔삭(八朔)둥이라고 말한다. 사람의 키와 머리 길이의 비가 8대 1이 되는 몸을 팔등신(八等身), 아름다운 미인이나 여러 방면에 재주가 있는 사람을 팔방미인(八方美人)이라고 부른다. 팔분음표나 팔분쉼표는 음악에서 각각 온음표나 온쉼표의 8분의 1 길이에 해

당하는 부호로서 아주 중요한 역할을 한다. 팔불출(八不出)은 쓸데없이 자기나 집사람을 자랑하는 못난이를 이르는 말로써, 원래는 몹시 어리석은 사람을 이르는 말인 팔불용(八不用)이라는 말인데, 팔불취(八不取)라고도 한다.

9. 아홉

○

○
●

　앞 절에서 중국인들이 8자를 좋아한다고 했다. 이 외에 중국인들은 9자도 좋아하는데 오래라는 의미인 구(久) 자와 발음이 같아서라고 한다. 그러나 일본인들은 괴롭다는 뜻의 고(苦) 자와 발음이 비슷하다는 이유로 9라는 숫자를 별로 좋아하지 않는다. 구(九)라는 숫자는 그보다 하나 작은 팔(八)이나 하나 많은 십(十)과 같이 사자성어(四子成語)를 잘 이룬다. 대표적으로 대부분이거나 거의 틀림없음을 뜻하는 십중팔구(十中八九)에서 볼 수 있다. 여덟 가지 조짐이나 아홉 가지 조짐이라는 뜻으로 팔징구징(八徵九徵)이 있다. 교통의 요지라는 의미로 팔가구맥(八街九陌)이라는 말도 있다. 십전구도(十顚九倒)라고 열 번 자빠지고 아홉 번 넘어진다는 뜻으로 수없이 실패를 거듭하거나 심하게 고생함을 이르는 말도 있다. 십양구목(十羊九牧)이라고 양 열 마리에 목자가 아홉이라는 뜻으로 백성의 수에 비해 벼슬아치가 많을 때 이르는 말이다. 이밖에 구(九)가 들어가는 한자어로 죽을 고비를 여러 차례 넘기고 겨우 살아남을 이르는 구사일생(九死一生), 삼십 일 동안 아홉 끼니밖에 먹지 못하다는 뜻으로 몹시 가난함을 이르는 삼순구식(三旬九食), 아홉 번 꼬부라진 양의 장자라는 뜻으로 꼬불꼬불한 험한 산길을 이르는 구절양장(九折羊腸), 9년 동안 벽을 보고 좌선하여 도를 깨달았다는 면벽구년(面壁九年) 등이 있다.

스포츠 중에서 야구는 9명이 한 팀을 구성한다. 한 경기는 보통 9이닝까지 진행한다. 팀이 수비할 때 선수 위치에 관한 순번으로, 투수 1번을 시작으로, 포수가 2번, 내야에는 일루수(一壘手) 3번, 이루수 4번, 삼루수 5번, 유격수(shot stop)는 6번이고, 외야에는 좌익수 7번, 중앙수비수 8번, 우익수 9번이 서 있다. 유격수와 이루수가 2루를 번갈아 가며 커버한다. 팀이 수비할 때는 투수의 역할이 중요하지만, 내야(內野)를 강습(强襲)하는 땅볼을 잘 막아 재빨리 1루에 볼을 보내는 유격수의 역할도 중요하다. 팀이 공격 시에 1번 타자는 발이 빠른 선수를 기용하고, 홈런을 잘 치는 장타자는 보통 4번을 친다. 야구는 보통 9회 말(末)에 투 아웃부터라는 말이 있다. 마지막 이닝의 끝 공격에서 밀어내기로 경기가 끝나는 경우가 있고, 시원한 만루홈런으로 승부가 뒤집히는 때도 있다.

아홉수라고 9, 19, 29, 39, 49 등과 같이 아홉으로 끝나는 나이를 의미하는데, 민속적으로 남자 나이 아홉으로 끝나는 해에 몸조심하라는 이야기가 있다. 아홉으로 끝나는 해를 무사히 넘기면 향후 10년이 거뜬하다는 미신 같은 말이 우리 주위에 떠돌아다닌다. 아홉이란 말은 불교에서 입을 벌리고 내는 소리인 '아(阿)'와 입을 다물고 내는 소리인 '훔 또는 우(吽)'에서 나왔다고 하는데, 일체(一切) 만법(萬法)의 시작과 끝을 이른다고 한다. 아흐레는 아홉 번째 날을 뜻하며 초아흐렛날의 준말이다. 아흔은 구십(九十)이라는 말이다.

조선 숙종 때, 김만중(金萬重)이 구운몽(九雲夢)이라는 국문 소설을 지었는데, 주인공이 여덟 선녀와 함께 인간으로 환생하여 부귀영화를 누리다가 깨어 보니 헛된 꿈이었다는 내용으로 되어 있다. 구원겁(久遠劫)은 불교에서 이르는 말로써 한없이 멀고 오랜 과거라는 의미이다. 구공(九空) 혹은 구만리장천(九萬里長天)은 아득하고 먼 하늘을 뜻한다. '우리 인생은 구만리(九萬里) 같다'라고 표현하곤 한다. 구곡간장(九曲肝腸)은 굽이굽이 서린 창자라는 뜻으로 깊은 마음속이나 시름이 쌓인 마음속을 비유한다. 몹시 놀래거나 실망하게 하거나 애를 태우는 것을 '구곡간장이 녹는다'라고 표현한다. 구우일모(九牛一毛)라고 '아홉 마리의 소 가운데 박힌 하나의 털'이라는 뜻으로 썩 많은 가운데 섞인 아주 적은 것을 비유하여 이르는 말이다.

10. 열

○

　　○
　●

　1, 2, 3, 4, 5, 6, 7, 8, 9, 0. 이는 현재 쓰고 있는 일반적인 숫자이다. 아홉 다음에 아무것도 없다는 의미의 0이 나온다. 그리고 그 앞에 1을 써서 10을 만들고 열이라고 부른다. 열은 영어로 ten이고 한자로 십(十)이다. 십진법(十進法, decimal, denary)은 10을 기수로 한 기수법(記數法)이다. 영어 denary는 옛 로마 은화(銀貨) 데나리우스와 성경에 나오는 데나리온과 동원어(同源語)이다. 십진법은 인도의 발명품으로 아라비아를 거쳐 고대 이집트 문명에서 가장 많이 쓰였다. 십진법은 인간의 손가락이 열 개인 것과 밀접한 관련이 있다고 추정된다. 더 정확하게는 사람이 수를 셀 때 10개의 손가락 중 몇 개가 펴지고 접혔는지로 세어서, 사람이 손가락으로 최대한 펴거나 접을 수 있는 수가 10이므로 자연스럽게 상당수의 단위가 10을 묶음으로 형성되었다고 보고 있다. 어떤 부족은 팔진법을 썼는데, 그들은 손가락 사이의 공간으로 수를 셌다고 한다. 오늘날 컴퓨터에서는 2진법을 쓰고 있다. 베르나르 베르베르(Bernard Werber, 1961~)의 소설 '개미'의 설정을 보면 개미들은 12진법을 사용하고 있다. 개미의 각 다리에 발톱

2개가 달려서 2(발톱) × 6(다리 숫자)=12가 되기 때문이다.

   우리가 지금 쓰고 있는 미터(m), 킬로그램(kg) 등의 많은 단위가 십진법을 따르고 있다. 십진법은 10개의 숫자를 가지고 수를 표현하며, 열 배마다 자릿수가 하나씩 올라간다. 자연수의 자릿수 분리를 10의 거듭제곱 꼴로 나타낸다. 2025년은 예수가 태어난 지 2025년이 지났다는 뜻으로 거듭제곱 꼴로 나타내면 $2 \times 10^3 + 0 \times 10^2 + 2 \times 10^1 + 5 \times 10^0$이다. 세상엔 수많은 언어가 있지만 숫자를 셀 때 지금 십진법은 고대 이집트 때부터 거의 세계 수준으로 통일되었다. 과거에 한자 문화권에서 본래 십진법을 사용하면서도 자릿수마다 십(十), 백(百), 천(千), 만(萬), 억(億), 조(兆), 경(京), 해(垓) 등 별도의 문자를 썼다. 이후에 0을 사용하는 십진법 표기를 수입하여 〇, 一, 二, 三, 四, 五, 六, 七, 八, 九를 사용하고, 읽기는 영(零), 일(壹), 이(貳), 삼(參), 사(肆), 오(伍), 육(陸), 칠(柒), 팔(捌), 구(玖)를 사용했다. 현대에 와서는 한자문화권이래도 숫자만큼은 아라비아 숫자를 그대로 사용하여 지금은 0, 1, 2, 3, 4, 5, 6, 7, 8, 9로 통일해서 표기하고 있다.

   현재 대부분의 단위가 10진법으로 통일되었기 때문에, 다른 진법으로 사칙연산이 불편하게 느껴지는 것은 어쩔 수 없다. 이는 10진법이 습관이 되어서 나온 결과다. 대표적인 상황이 12진법과 60진법으로 표현되는 시간을 계산하는 경우인데, 진법 개념이 희박한 어린이들은 이것에 혼란을 느껴 시간 계산을 틀리는 경우가 많다. 10은 1과 자신을 제외하면 약수가 2와 5 밖에 존재하지 않기에, 사용에 있어 은근히 불편하다. 인간은 기본적으로 10진법의 사고방식을 가지고 있음에도 각종 명칭, 묶음 단위 등에서 8진법, 12진법, 16진법, 60진법 등의 다양한 진법들 또한 같이 사용해 왔는데, 모두 약수가 많아서 나누기가 편리한 진법들이다. 물론 2진법과 8진법은 너무 짧고 60진법은 너무 길어서 세 진법에 비하면 10진법이 적당한 감은 있다. 하지만 12진법과 16진법에 비하면 여전히 불편하다.

하지만 아무리 10진법보다 편리한 진법이 있다고 하더라도 이제 와 인류가 10진법을 버릴 수는 없다. 다른 진법으로 바꾼다고 한다면 많은 사람이 반발할뿐더러, 숫자의 표기부터 언어체계까지 지구상에서 숫자와 관련된 모든 걸 모조리 바꿔야 해서 천문학적 비용이 든다. 프랑스 혁명 때 도량형을 개선하면서 시간만큼은 10진법으로 바꾸지 못했고, 그레고리력이 매년 달력을 새로 찍어야 하는 불규칙성에도 불구하고 세계력이나 국제고정력을 적용하지 못하고, 미국에서는 미터법을 도입하지 못하고 있는 걸 보면, 10진법을 여타 진법으로 바꾸는 일은 인류가 멸망하지 않는 이상 영원히 없을 것이다. 세계적인 표준인 미터법이 일부 국가에서 도입 안 되는 이유는 단순히 일상생활 자체에 스며들었기 때문이다. 미터법이 이미 일상생활에 정착하고 법으로 강제하는 우리나라에서도 '근(斤)'이나 '평(坪)' 같은 단위가 완전히 사라지지 않고, 서양에서는 야드(yard), 파운드(pound)법이 일상생활에 고착된 상황이고 도입하기도 훨씬 어려울 수밖에 없다. 우리의 연수 계산법이 지간(支干)이라고 60진법이라도, 이를 둘로 나누어 십간(十干)은 10진법이고 지지(地支)는 12진법이다.

지금도 시간에서만은, 시(時), 분(分), 초(抄)에서 60진법을 쓰고 있고, 하루는 24시간이고, 한 달은 대략 30일이고 1년(年)은 12개월이다. 로마 시대까지는 1년이 10개월이었다. 이를 12개월로 바꾸기 위해 줄리어스 시저(Julius Caesar), 옥타비아누스(Octavius) 황제가 태어난 달인 7월과 8월을 신설하고, 그 이름을 July, August로 각각 지었다. 당연히 그전에 7월이었던 September는 구월로, 8월인 October는 10월로, 10월인 December는 12월이 되었다. 프랑스어를 배울 때, 7이 Sept(세트), 10이 Dix(디스)였고, 다리(촉수)가 8개인 문어가 영어로 Octopus지 아마.

성경에 보면 데가볼리란 말이 몇 군데 나온다. 데가볼리는 헬라어 데카폴리스(Deca Polis)를 음역한 것이다. 예수가 살던 옛 로마 시대에 갈릴리 동쪽과 남쪽에 있던 열 개의 도시로 이루어진

지방을 일컫는데, 그 열 개의 도시는 거라사(Gerasa), 오늘날 벧산 근처의 스구도볼리(Scythopolis), 골란고원의 힙포(Hippos), 가다라(Gadara), 벨라(Pella), 오늘날 요르단(Jordan)의 수도 암만(Amman)인 빌라델비아(Philadelphia), 디온(Dion), 카나타(Canatha), 라파나(Raphana), 오늘날 시리아(Syria)의 수도인 다메섹(Damascus) 등이다. 1세기 유대인 역사가 요세푸스(Flavius Josephus)는 이중 스구도볼리를 중심 도시로 기록하였다. 기원전 1세기 이전에는 이도시 이름들이 나오지 않는다는데, 아마도 로마제국이 정치적, 군사적 이유로 건설한 계획도시로 보인다.

데카당스(decadence)란 '퇴폐적이며 허무한 풍조나 생활 습관'을 의미하는 말로 프랑스어의 décadence가 어원이다. '퇴폐적'이란 '도덕과 건전함이 사라져 간 상태'를 의미하며, '허무함'이란 '세상과 인생을 허무하게 생각하는 것'이라는 의미이다. '데카당스'는 20세기 말인 19세기 유럽, 특히 프랑스 문학 세계에서 일어난 퇴폐적이며 회의적이고 탐미적이거나 악마적 경향의 예술경향을 가리키는 말이다. 이 경향은 후에 그림과 영상 등의 예술에도 확대되었다. 세기말 현상이라고나 할까? 지금부터 백 년도 넘는 기간에 일었던 사회현상으로 예수가 죽은 지 2000년이 지나도록 아무 일도 일어나지 않은 게 이상하다는 생각이 팽배해 있지 않았나 생각된다. 20세기 들어 큰 전쟁이 두 번 있어서 많은 희생이 있었다. 그 뒤에 백 년이 지난 20세기 말에는 그런 데카당스 사조는 없었고 대신 컴퓨터의 문제로 Y2K를 걱정했지만, 그냥 25년이 흘러갔다.

예수가 살던 로마 시대에 최대 형벌이 죄인을 십자가에서 사형시키는 일이었다. 십자가를 영어로는 cross라고 부르는데 한자로는 십(十) 자(字) 모양이라고 해서 그렇게 부르고 있다. 이와 비슷한 이유로 적십자사(赤十字社), 녹십자(綠十字)란 말이 나왔다. 앙리 뒤낭(Jean Henri Dunant, 1828~1910)이 처음으로 적십자회를 창설하고 적십자기(赤十字旗)를 만들 때 자기의 모국인 스위스 국기를 기본으로 하여 바탕인 십자(十字) 모양을 흰색에서 빨간색으로 바꾸었다고 들었다. 그래서 적십자(Red Cross)란 말이 탄생하였다.

불교에서 오계(五戒)가 있다면 기독교에서는 십계명(十誡命)이 있다. 십계명은 모세가 시나이산에서 받아 써서 내려왔다는 돌판에 새겨있다고 한다. 십계라는 영화에서 모세 역을 맡은 찰턴 헤스턴(Charlton Heston, 1923~2008)과 당시 이집트 왕 파라오인 람세스 2세 역을 맡은 율 브리너(Yul Brynner, 1920~1985)의 명연기가 돋보인다. 성경 출애굽기 20장에 보면, 십계명의 내용은 다음과 같다. 1. 너는 나 외에는 다른 신들을 네게 있게 말라. 2. 너를 위하여 새긴 우상을 만들지 말라. 3. 너의 하나님 여호와의 이름을 망령되이 일컫지 말라. 4. 안식일을 기억하여 거룩히 지키라. 5. 네 부모를 공경하라. 6. 살인하지 말라. 7. 간음하지 말라. 8. 도적질하지 말라. 9. 네 이웃에 대하여 거짓으로 증거하지 말라. 10. 네 이웃의 집을 탐내지 말라. 위의 열 개의 계명 중에서 1번에서 4번까지는 하나님에 대한 신자의 자세에 관한 것이고, 5번 이후는 사회생활에서 개인이 지켜야 할 규범에 관한 것들이라고 한다.

옛날에는 한양 도성에서 십리 길이라고 왕십리(往十里)라고 불렀나 보다. 지금의 성동구, 광진구는 평야 지대로 이 근처에 논이 많았던 것 같다. 어렸을 때 이 근처에 살지 않아 잘 모르겠지만, 동대문구에 답십리(踏十里)라는 동네가 있다. 걸어서 논을 둘러보는 데만 십리 길이어서 그렇게 부르지 않았나 생각된다. 요즘 2호선을 타고 신설동에 가려면 성수역에서 지선으로 갈아타면 된다. 그러면 용답(龍踏), 신답(新踏), 용두(龍頭) 역을 거쳐 신설동에 도착한다. 신설동은 새로 끓인 설렁탕 생각이 나게 한다. 등산동호회 등에서 갈 곳을 정하기 위해 집행부가 미리 현지에 가 보는 일을 답사(踏查)라고 부른다. 논을 한자어로 답(畓)이라고 하는데 발로 걸으며 논을 휘둘러 보는 일을 답(踏)이라고 하였다.

11. 열하나

○

○
●

　축구는 한 팀에 11명의 선수가 뛴다. 아마도 단체인 구기전(球技戰)에서 제일 많은 선수가 뛰고, 뛰는 시간도 정규시간이 전후반 합쳐서 90분으로 제일 길지 않을까 싶다. 그러나 나오는 골수는 적은 편이다. 0 : 0 등 무승부도 많이 나온다. 아마 골을 넣을 때는 손을 쓰면 안 되나, 골을 막는 골키퍼는 손을 쓸 수 있기 때문이 아닌가 생각된다. 축구에서 골이 잘 안 나오는 이유는 발로 공을 차기 때문이기도 하지만, 골대 근처에 사람이 너무 밀집되어 있기 때문이라는 지적이 있다. 경기 도중에는 공 위주이다. 공만 라인 안에 있으면 선수가 라인 밖에 나가서 차도 된다. 그러나 속도감 있게 진행되는 농구의 경우 사람이 경기장 안에 꼭 있어야 한다. 농구 경기에서 선수가 볼을 잡은 상태에서 라인을 밟으면 바로 심판이 휘슬을 분다.

　필자가 60여 년 전 초등학교 시절에 축구를 배울 때, 아군의 진용이 골키퍼를 제외하고 전방부터 532 배열이었다. 공격진을 포워드(forward)라고 불렀는데 5명이 맡았다. 전방 공격수 중에서 제일 중앙을 센터 포워드(center forward)라고 불렀는데 팀 내에서 발재간이 제일 좋은 선수였다. 그 옆 좌우에 있는 사람을 각각 레프트 이너(left inner), 라이트 이너(right inner)라고 불렀는데, 센터 포워드에게 득점 기회를 만들어 준다. 제일 바깥 양 끝에서 활동하는 사람을 각각 레프트 윙(left wing), 라이트 윙(right wing)이라고 불렀는데 팀 내에서 제일 빠르게 뛰는 선수가 맡았다. 옆 라인을 따라 공을 빠르게 몰고 올라가 중앙으로 센터링(centering)을 해 주어 득점 기회를 만들어 주면 유능한 윙이라고 불리었다. 그다음에 있는 3인을 하프백(half back), 그 밑의 2인을 풀백(full back)이라고 불렀다. 풀백은 상대방의 공격을 몸으로 막아내는 역할을 하며, 팀 내에서 빠르지는 않더라도 신체 조건이 좋은 선수가 맡았다. 하프백은 상대방의 공을 빼앗아 전방의 공격진에게 전달하는 역할을 하였다.

그 뒤에 TV에서 축구 경기 중계를 보면서 해설사의 여러 가지 축구 이론을 듣게 되고 선수가 포진하는 배열이 많이 바뀐 사실을 알게 되었다. 공격할 때 우리 선수가 많다고 골을 많이 넣게 되는 것은 아니라는 이론이 나오면서 433이니 424 배치가 소개되고 스트라이커(striker), 링커(linker) 등의 용어가 등장하였다. 스트라이커는 우선 빨라야 하는데, 좋은 발재간과 예리한 눈을 가지고 팀이 골을 넣는 데 일조(一助)해야 한다. 우리나라의 대표적인 스트라이커로는 최정민(1930~1983), 허윤정(1936~2022), 이회택(1946~), 차범근(1953~), 황선홍(1968~), 이동국(1979~) 등이 있었다. 원톱이니 투톱이라는 말도 쓰인다. 발이 빠른 윙이 자기 팀이 수세에 몰릴 때는 밑으로 내려와서 팀의 수비를 맡아야 한다는 이론도 나왔다. 링커는 허리에서 전방으로 볼을 잘 배분하는 링커의 역할이 강조되었다. 3백이니 4백이라는 용어가 등장하면서 수비 선수들의 방어 전략이 다양해지고, 수비 전문 선수의 역할이 강조되었다. 스토퍼(stopper), 스위퍼(sweeper)란 말도 나왔고, 리베로(libero)라는 용어도 등장했다. 수비 전문 선수 출신으로 나중에 국가대표팀 감독 등으로 한국 축구 발전에 기여(寄與)했던 인물로는 함흥철(1930~2000), 김정남(1943~), 홍명보(1969~) 등이 있었고, 주로 외국에서 활동하며 나라의 축구 발전에 공헌한 인물로 박지성(1981~), 손흥민(1992~) 등이 있다.

영어로 11을 eleven이라고 한다. 축구선수는 각 팀의 best eleven 즉 주전선수 혹은 starting member인 이 11명 중에 들기 위하여 각고로 노력하고, 각 팀은 순간순간 선수의 기량을 측정하고 관리한다. 프로 스포츠의 세계에서 각 선수의 몸값이 있어 프로 스포츠 구단 간에는 운동선수를 상품처럼 거래한다. 우리나라 선수들도 국내에서 잘한다고 이름이 나면 유럽의 리그 등에 진출하는 경우가 많아졌고, 아예 어린 시절부터 외국에서 축구 인생을 시작하는 경우가 생겼다. 세계 축구계를 흔들었던 인물로 남미와 유럽 출신으로 펠레(1940~2022), 마라도나(1960~2020), 호나우두(1976~), 지단(1972~), 호날두(1985~), 메시(1987~) 등이 생각난다.

숫자 11은 10보다 하나 크고 12보다 하나 작은 자연수로, 2, 3, 5, 7 다음으로 큰 소수(素數)로서 두 자리의 소수로는 가장 작다. 원소 주기율표에서 원자번호 11번은 나트륨(Na)이다. 운동선수의 등번호 11번은 7번과 함께 축구에서 팀 내에서 가장 빠르고 기술이 좋은 선수에게 주어진다. 야구, 농구에서도 11번은 인기 있는 등번호이다. 11이라는 숫자는 좋은 숫자로 인식되어 버스나 열차의 번호 혹은 군대 등 여러 조직에서 일반인들이 애용하고 있다. 젓가락 모양을 닮았다고 11을 젓가락이라고 부르기도 한다. 11월 11일이나 발렌타인 데이라고 알려진 2월 14일을 맞으면 '빼빼로 데이'라고 해서 제과 회사에서 막대기 모양의 과자를 판촉하는 날로 유명하다.

12. 열둘

○

　○
　●

　예수의 열두(12) 제자는 열두 사도라고도 불린다. 열둘은 이스라엘 열두 지파에서 기원하였다. 예수를 따르는 많은 제자가 있었지만, 그중에서도 특별히 열두 제자를 불러 사도로 칭하고, 전도사역을 집중적으로 부탁하였다. 열두 명의 사도들은 후에 베드로를 필두로 초대교회를 세워 나가는 데 중요한 역할을 한다. 예수의 열두 제자의 이름은 베드로, 안드레, 야고보, 요한, 빌립, 마태, 시몬, 도마, 나다나엘, 작은 야고보, 가룟 유다이다. 후에 가룟 유다가 자살하고, 예수 승천 이후 제비뽑기로 맛디아를 추가하였다.

　이스라엘의 열두 지파(Twelve Tribes of Israel)는 고대 이스라엘 민족을 구성한 12개의 부족을 지칭한다. 구약성경 창세기에서 이스라엘이라고도 하는 야곱에게는 12명의 아들이 있었다. 르우벤, 시므온, 레위, 유다, 잇사갈, 스불론, 단, 납달리, 갓, 아셀, 요셉, 베냐민이 그들이다. 야곱이 한 여인에게서 12명의 소생을 낳은 게 아니고, 본부인인 레아에게서 아들들인 르우벤(1), 시므온(2), 레위(3), 유다(4), 잇사갈(9), 스불론(10)과 딸인 디나를 얻었고, 후처인 라헬의 시녀 빌하에게서 단(5)과 납달리(6)를, 레아의 시녀 실바에게서 갓(7)과 아셀(8), 사랑하는 라헬에게서 요셉(11)과 베냐민(12)을 얻었다. 여기서 레아의 3남인 레위의 후손은 하나님의 소유라고 제사장의 직분을 맡게 됨에 따라 열두 지파에서 제외되었고, 요셉은 그의 두 아들 므낫세와 에브라임이 각각 새로운 지파의 조상이 됨에 따라 열두 지파가 뒤에 가나안 땅을 분배받았다. 르우벤, 시므온, 유다, 잇사갈, 스불론, 단, 납달리, 갓, 아셀, 에브라임, 므낫세, 베냐민 등이다. 야곱이 이들 12명을 축복하는 내용이 창세기 49장에 기록되어 있다. 12라는 숫자는 이스라엘 전체를 상징한다. 시내산에서 언약에 조인하는 의식을 치를 때, 모세는 '이스라엘 열두 지파대로 열두 기둥'을 세웠다. 길갈에는 '이스라엘 자손들의 지파 수'를 상징하는 열두 개의 돌이 세워졌다.

수 천 년 동안 유대인과 기독교인들은 열두 지파의 이야기를 역사적 사실로 받아들여 왔으나, 19세기에 들어 열두 지파에 대한 기록에 역사비평이 이루어지기 시작했다. 열두 지파의 실존부터 초대 족장들의 실존 여부, 열두 지파의 이야기와 땅 분배 이야기, 가나안 정벌 이야기 등이 실제 역사 속에서 이루어진 일인지를 새로운 방법론을 가지고 탐구하기 시작하였다. 열두 지파의 이야기가 B.C. 7~6세기의 유다 왕국에서 만들어진 이야기라고 보는 시각도 있는데, 그 근거는 다음과 같다. 먼저 창세기 49장에서 나오는 야곱의 축복 관련해서 요셉을 다른 형제들에 비하여 더 축복한 점, 신명기 33장의 모세의 축복 이야기에서 시므온 지파가 등장하지 않는 점, 사사기 1장에서 가나안을 정벌할 때 베냐민과 시므온 지파가 유다 지파의 조력자로만 등장하고, 유다 지파의 일부인 갈렙의 사람들과 겐 사람들의 비중이 높게 서술되었으나, 잇사갈, 르우벤, 가드 지파와 레위가 언급되지 않은 점 등이다. 한편 12세기에 열두 지파에 대응되는 문장(紋章)이 유럽에서 만들어졌다.

그리스 신화에서 신의 숫자가 열둘(12)이라는 이야기가 있고, 석가모니의 제자도 열둘, 공자의 제자도 열둘이라는 이야기가 있다. 그리스 신화에서 하늘과 천둥의 신 제우스(Zeus)를 시작으로 결혼과 가정의 여신 헤라(Hera), 바다의 신 포세이돈(Poseidon), 지혜와 전쟁의 여신 아테나(Athena), 태양과 음악의 신 아폴로(Apollo), 사냥과 달의 여신 아르테미스(Artemis), 전쟁의 신 아레스(Ares), 상업과 여행의 신 헤르메스(Hermes), 농업과 수확의 여신 데메테르(Demeter), 지하 세계의 신 하데스(Hades), 불과 대장장이의 신 헤파이스토스(Hephaestus), 포도주와 축제의 신 디오니소스(Dionysus), 이렇게 주로 12개의 신을 친다. 석가모니의 제자는 보통 10인을 친다. 지혜가 제일인 사리불(舍利佛), 신통력이 제일인 목건련(目健連), 두타(頭陀) 제일인 마하가섭(摩訶迦葉), 천안(天眼) 제일로 칭송되는 아나율(阿那律), 다문(多聞) 제일의 아난다(阿難陀), 지계(持戒) 제일의 우바리(優婆離), 설법(說法) 제일의 부루나(富樓那), 해공(解空) 제일의 수보리(須菩提), 논의(論議) 제일의 가전연(迦旃延), 밀행(密行) 제일의 라훌라(羅候羅) 등 10인이다. 공자의 경우 공문십철(孔門十哲)이라고 10명의 제자를 거명하고 이중 안회(顏回)를 수제자로 본다. 일부에서는 이들 10명 이외에 증자와 자사를 넣어 12명을 공자의 제자라고 말하기도 한다. 소크라테스(Socrates, BC 470 ~ BC 399), 석가모니(釋迦牟尼, BC 560 ~ BC 480), 공자(孔子, BC 551 ~ BC 479)의 생존 연도가 비슷하여 열둘이라는 숫자가 각 문화권에서 서로 영향을 받았을 것으로 추정된다.

열둘은 우리에게도 친숙한 숫자이다. 자(子), 축(丑), 인(寅), 묘(卯), 진(辰), 사(巳), 오(午), 미(未), 신(申), 유(酉), 술(戌), 해(亥)로 열두 가지의 지지(地支)를 쓰고, 일상생활에서도 생년을 쥐, 소, 호랑이, 토끼, 용, 뱀, 말, 양, 원숭이, 닭, 개, 돼지 등 열두 가지의 짐승 이름을 붙여 띠로 표현한다. 1958년생인 사람이 개띠인데, 1970년, 1982년 하는 식으로 12년마다 같은 띠가 반복된다. 요즘 젊은이는 잘 모르는 이야기이고, 필자의 경우는 한참을 따져 보아야 알 수 있는데, 우리 선대에는 알려고 하는 두 사람의 나이 차이가 바로 계산된다.

또한 우리는 연, 월, 일, 시를 12로 나누었다. 연(年)을 열두 가지 지지(地支)로 표현하였을 뿐만 아니라, 매월 초하루 일진을 월건(月建)이라고 불렀다. 매일 매일의 일진(日辰)이 있을 뿐만 아니고, 하루도 낮과 밤으로 나누고 시간을 열두 등분하였다. 아울러 방위도 네 등분이나 여덟 등분할 뿐 아니라 열두 지지(地支)로 표시하였다. 산소 자리를 표시할 때, 어떤 기준점에서 원주 방향으로 12 지지로 나타내었다.

말밭이 열둘인 고누 놀이의 하나인 '열두 밭고누'라고, 두 사람이 번갈아 말을 놓다가 말 셋이 나란히 놓이면 상대방 말 하나를 따내는데 이렇게 해서 상대편 말을 먼저 다 따는 편이 이기게 되는 옛날 놀이가 있다. 열두 하님이라고 지난날의 혼례 때에 신부를 따르는 열두 사람의 여자를 부르는 말도 있다.

현재 길이, 무게, 시간에 관한 세계 표준에서 시간에 관해서는 10진법이 사용되고 있지 않다. MKS나 cgs 모두에서 시간의 단위는 초(second)이다. 1시간은 3,600초(s)이다. 1년은 12달이다. 큰 수를 표시할 때 한자 문화권에서는 영(零), 십(十), 백(百), 천(千) 다음에, 만(萬), 억(億), 조(兆), 경(京), 해(垓) 등으로 만 배씩 늘어난다. 한편 영어권에서는 thousand, million, billion, trillion 하는 식으로 천 배씩 증가한다. 한편 과학이나 일상의 세계에서 큰 수를 지수로 표현하는데 10의 3승을 k(kilo), 10의 4승을 M(Mega), 10의 9승을 G(Giga), 10의 12승을 T(Tera), 10의 15승을 P(Peta)라고 표시한다. 그 역수인 아주 작은 수에서는 10의 -3승을 m(milli), 10의 -6승을 μ(micro), 10의 -9승을 n(nano), 10의 -12승을 p(pico), 10의 -15승을 f(femto)라고 표시한다. 1 fs(femto second)는 천조분의 1초로써 아주 짧은 시간을 나타낸다. 이상과 같은 표기는 필자의 책 '맥스웰의 무지개'에서 자세히 다루고 있다.

though
13. 틴에이저

○

○
●

영어에서 11은 eleven, 12는 twelve인데, 13부터는 thirteen, fourteen, fifteen, sixteen, seventeen, eighteen, nineteen으로 -teen으로 끝나는데 13~19의 부르는 체계가 따로 논다. 이는 12진법을 썼던 잔해라고 생각된다. 13세라면 대략 중학교에 들어갈 나이이고 19세이면 대학교에 들어갈 나이이다. 이들 연령층을 보통 틴에이저(teenager)라고 부른다. 우리말로는 대충 십대(十代)라고 부른다. 이 나이 때는 한창 질풍노도(疾風怒濤)의 시대이다. 북쪽의 김일성이나 김정일 정권이 이들 연령층의 생각을 무서워하여 그동안 못 쳐들어왔다는 우스갯소리가 있다. 우리말에 시오리라는 말이 있다. 십오리(十五里)라는 뜻 같은데 십리(十里)와 이십리(二十里)의 중간 거리를 대략 표현하는 말 같다. 십리(十里)는 4km로서 시오리는 대략 6km 정도의 거리이다. 오리무중(五里霧中)이라는 말은 5리 약 2km에 걸쳐서 짙은 안개가 끼어 있다는 말인데, 무슨 일에 방향이나 갈피를 가름할 수 없음을 비유적으로 표현하는 말이다.

우리말에 이팔청춘(二八靑春)이라는 말이 있다. 이 말은 28세라는 뜻이 아니라, 16세 무렵의 꽃다운 나이, 혈기 왕성한 젊은 시절을 의미한다. 다른 노랫말에 '낭낭(琅琅) 십팔(18) 세'가 있다. 18세 청춘이 옥처럼 아름답다는 의미이다. 옛날에는 여성이 십 대 후반이 되면 적당한 데가 있으면 시집을 보냈다. 연줄로 부모님이 정해 주는 집안으로 시집을 갔다. 대부분 자기보다 어린 신랑한테 혼인을 정하였다. 이렇게 조혼이 일반화된 이유는 농사짓는 집안의 노동력 보충이 한몫하였다. 전쟁 등 사회적인 여건도 작용하였다. 여성들은 일찍 시집가서 아기를 열 명 가까이 낳고 농사일로 가사로 크게 고생하였다. 필자의 외조모도 3살 어린 신랑한테 십 대에 시집와서 한국전쟁 중에 좌우 갈등으로 40세쯤에 남편을 여의고 평생 자식 키우고 집안 건사하느라고 고생하다 돌아가셨다.

프랑스말로는 11부터 onze, douze, treize, quatorze, quinze, sieze로 16까지 -ze(즈)로 끝나는 말이지만, 17부터 19까지는 부르는 체계가 다르다. 17은 dix-sept(디세트), 18은 dix-huit(디즈위트), 19는 dix-neuf(디즈뇌프)라고 읽는다. 그래서 루이 14세는 Louis Quatorze(루이 카토즈), 루이 16세는 Louis Seize(루이 세즈)라고 말하지만, 루이 18세는 Louis Dix-huit(루이 디즈위트)라고 말한다. 이는 16진법의 잔재라고 생각한다. 얼마 전에 영국이 유럽연합(EU)에서 탈퇴하였다. EU에서는 10진법을 쓰는 유로(Euro)라는 화폐를 쓰지만, 이전의 영국의 파운드(pound) 화폐는 16진법이나 20진법의 복잡한 단위를 쓰고 있었다. 이는 어디까지나 10진법에 익숙한 사람에게 해당하는 이야기이고, 영국인들은 다른 진법을 익숙하게 사용하는 데에 큰 문제는 없나 보다. 진법의 변경 문제로 EU 탈퇴에 반대하는 의견은 없었다. 그러나 막상 유럽연합을 탈퇴한 뒤에는 미국의 달러 시스템에 맞춘 거 같다.

 미국의 기본적인 화폐 단위는 달러(Dollar)이다. 1달러짜리 지폐가 있고, 흔하지는 않지만 2달러짜리 지폐가 있으며, 5달러, 10달러, 20달러, 100달러짜리 지폐가 있다. 그리고 1달러 미만은 동전(銅錢)을 쓴다. 구리나 그의 합금으로 만들지는 않았지만, 관습적으로 그렇게 부른다. 영어로는 코인(coin)이라고 부른다. 1달러 미만의 단위는 센트(cent)로서 백분의 1달러이다. 코인 중에서 자주 쓰이는 게 1달러의 4분의 1인 25센트짜리 코인이다. 10센트짜리 코인을 다임(dime)이라고 부른다. 지폐나 코인에는 미국의 역대 대통령의 초상화가 들어가 있다. 캐나다 달러, 싱가포르 달러, 홍콩 달러라는 말이 있다. 유럽에서 유럽연합(European Union)에 가입된 국가에서 쓰이는 화폐 단위는 유로(Euro)이다. EU에서 탈퇴한 영국에서는 파운드(pound) 화폐 단위를 쓰는데

pound sterling이라고도 하며 1파운드는 100펜스(pence)이다. 숫자 앞에서는 기호로 £를 쓴다. 1971년 1월 이전에는 1파운드가 20실링(shillings)이고 240펜스(pence)로 외국인에게는 거스름돈 받기가 큰일이었다. 파운드(pound)라는 말은 중량의 단위로도 쓰여서 기호로 lb로 나타내는데, 상형은 16온스로서 약 453g이고, 금형은 12온스이고 약 373g이다.

14. 스물

○

○
●

   우리말로 20 이상을 열씩 증가하면서 100까지 셀 때, 스물, 서른, 마흔, 쉰, 예순, 일흔, 여든, 아흔, 백으로 나간다. 한자어로는 이십, 삼십, 사십, 오십, 육십, 칠십, 팔십, 구십이라고 부른다. 사람의 나이를 이야기할 때는 스무 살, 서른 살, 마흔 살, 쉰 살 등으로 세고 한자어로는 열(10)을 뜻하는 순(旬)을 붙여 나이가 좀 되면 육순, 칠순, 팔순, 구순이라고도 부른다.

   영어로 이십부터 이르면 twenty, thirty, forty, fifty, sixty, seventy, eighty, ninety로서 끝이 -ty로 끝난다. 지금부터 10여 년 전에 2NE1이라는 여성 4인조 아이돌 그룹이 있었다. 2NE1은 박 봄(1984~), 산다라 박(1984~), 씨엘(CL, 1991~), 공민지(1994~)로 구성되어 있었다. 21을 영어 발음대로 적었는데 21세기라는 의미라고 하였다. NE가 새로운 진화(New Evolution)의 약자라는 설명도 있다. 그 그룹이 2009년부터 활동을 개시하여 2016년에 활동을 그만두더니 최근에 다시 활동을 시작하였다. 투애니원이라고 불렀는데, twenty에서 n 다음에 t가 n 발음이 난다는 이야기를 그대로 적용하였다. 옛날 영어 배울 중고교 때에 speak에서 p가 'ㅍ'가 아니라 'ㅃ' 발음이 나고 stand에서 t가 'ㅌ'가 아니라 'ㄸ' 소리가 난다는 이야기를 들은 기억이 난다.

    이십(二十) 세를 젊은 나이라는 뜻으로 약관(弱冠)이라고 공자가 불렀다. 스무 살에 성인이 되어 관(冠)을 머리에 쓰는 관례(冠禮)를 한데서 붙인 말이다. 요즈음은 성인식이라고 있는 모양이다. 사람이 스무 살쯤 되면 인생의 황금기로 무서울 게 없을 나이다. 필자의 연령대에는 여성이 대학교에 들어 가면서 여성들은 대학을 졸업한 후에 이십 대 중반에 결혼하고 남성은 병역을 마친 이십 대 후반에 주로 결혼했다. 요즈음은 결혼 연령이 늦어지거나 아예 결혼을 안 하는 풍조가 생겨났다. 사십이 가깝거나 넘어도 까딱하지 않는 남성과 여성이 많아졌다. 그래서 나온 사회적인 문제가 인구감소 현상이다. 이대로 가다가는 대한민국이 없어질지도 모른다고 걱정하는 사람이 있다.

    사람이 나이가 들어 서른(30세)이 되면 자립한다는 뜻으로 공자가 이립(而立)이라고 불렀고, 마흔(40세)이 되면 세상의 유혹으로부터 자유로워진다는 의미로 불혹(不惑), 쉰 살(50세)은 하늘의 뜻을 알게 된다는 지명(知命) 혹은 지천명(知天命), 예순 살(60세)이 되면 회갑(回甲) 혹은 환갑(還甲)을 맞아 이순(耳順)이 되어 늙어간다. 옛날에는 환갑만 살아도 장수한다고 했으나, 요즈음은 60세는 청춘이고 백세 정도는 살아야 장수한다는 축에 낀다. 환갑잔치는 옛말이 되어 버렸고 일흔 살(70세)은 되어야 주위에 밥이라도 살 수 있다. 70세 이상은 그래도 천수(天壽)를 누려야 살 수 있게 된다.

15. 예순

○

○
●

　우리 전통에 사람의 나이를 세는 방법으로 60 갑자를 따지는 게 있다. 갑(甲), 을(乙), 병(丙), 정(丁), 무(戊), 기(己), 경(庚), 신(辛), 임(壬), 계(癸), 이렇게 열 개의 천간(天干)과 자(子), 축(丑), 인(寅), 묘(卯), 진(辰), 사(巳), 오(午), 미(未), 신(申), 유(酉), 술(戌), 해(亥), 이렇게 열두 개의 지간(支干)이 어우러져 갑자(甲子), 을축(乙丑), 병인(丙寅), 정묘(丁卯), 이런 식으로 매해가 지나다 보면 어느덧 60년이 흘러가서 다시 갑자(甲子)년이 된다. 즉 회갑(回甲) 혹은 환갑(還甲)이 된다고 말한다. 10과 12의 최소공배수가 바로 60이다. 우리의 세는 나이로는 61세이다. 필자는 갑오(甲午)생으로 회갑이 한참 전에 지났다. 우리 나이로 환갑 전 해를 육순이라고 하고, 환갑 다음 해를 진갑이라고 이야기한다. 옛날에는 누구라도 환갑과 진갑이 다 지나면 상 노인네 취급을 받아 왔으나, 요즘은 환갑잔치도 안 하고 지나치는 게 다반사이다. 환갑잔치를 하면 주위로부터 욕을 먹는다는 말이 있다.

　삼천갑자(三千甲子) 동방삭(東方朔)이라는 말이 있다. 1 갑자(甲

子)가 60년이니까 삼천갑자는 십팔만 년이다. 3,000×60년 = 180,000년. 한 사람이 한 갑자인 60년 살기도 어려운 시절에 3,000 갑자 즉 18만 년을 살았다고 하니, 삼천갑자(三千甲子) 동방삭(東方朔)은 오래 사는 사람 즉 장수(長壽)하는 사람을 의미한다. 사실 동방삭은 역사적으로 중국의 전한(前漢) 무제(武帝) 시대의 인물로 BC 154년에 나서 BC 93년까지 62세에 죽었다. 동방삭이 삼천갑자를 살았다는 이야기는 중국 고대 설화이다. 사실 180,000세는 역사가 등장하기 이전부터 살아 있었다는 이야기다. 인류라는 종인 호모 사피엔스의 시작을 대략 20만 년에서 16만 년 전으로 본다. 다른 설도 있는데, 동방삭의 '삼천갑자'가 三千甲子가 아니라 三遷甲子, 즉, 갑자를 세 번 옮겼다는 설이다. 이렇게 되면 동방삭의 나이는 최대 240세, 최소 120세가 된다는 이야기다. 일설에는 삼십 갑자에 점 하나가 잘못 찍혀 삼천갑자가 되었다는 이야기도 있다. (三十 → 三千). 삼십 갑자여도 1,800살이다. 예수가 살아 있다면 지금 2,025세이다.

   삼천갑자 동방삭 이야기는 우리나라 설화에도 나온다. 염라대왕이 저승사자들의 대장인 강림도령에게 동방삭을 잡아 오라는 명령을 내렸는데, 삼천갑자나 살아서 지혜와 꾀가 인간의 수준을 넘어선 동방삭을 어찌 잡을까 고민하던 강림도령은 비책을 떠올리고 숯을 잔뜩 사서 그 숯을 냇가에서 씻기 시작했는데, 어느 날 백발의 한 노인이 나타나서 '젊은이, 왜 숯을 씻고 있나?'라고 묻자, 강림도령은 '숯을 하얗게 하려고 씻고 있습니다.'라고 답했고, 그 노인은 '쯧쯧, 내가 삼천갑자나 살아왔지만, 숯을 하얗게 만든다고 씻는 놈은 처음 봤네!'라고 말하자 강림도령은 그 노인이 동방삭이란 사실을 간파하고 바로 체포해서 저승으로 데려갔다고 한다. 숯을 씻던 강은 탄천(炭川), 혹은 현천(玄川), 또는 우리말로 거무내 혹은 가무내의 유래가 되었다. 오늘날 탄천은 성남시 분당을 가로질러 잠실을 거쳐 한강으로 흘러가고 있고, 현천은 일산 지역에 있는데 수색(水色) 근처에서 한강으로 흘러들어간다.

16. 일흔

필자의 고희연 시작 전에 외손녀와 손녀가 축하하는 퍼포먼스를 펼치고 있다.

    필자가 클 때 치른 조부의 환갑잔치가 생각난다. 마당에 텐트를 치고 부모님이 정성스레 잔을 올리고 동네 사람과 친척들을 모셔 한 상 대접한 기억이 난다. 요즈음은 환갑잔치를 안 하고 그냥 지나친다고 앞에서 얘기한 바 있다. 환갑잔치에 대한 추억이 있는 필자는 2년 전인 2023년 어느 가을날 저녁에 '종심연 및 출판 보고회'란 이름으로 친척과 친구들을 초청하여 칠순 잔치를 배설한 바 있다. 주위에 폐를 안 끼친다는 일념 아래 준비하였으나 막상 실시해 보니 주위 사람들에게 큰 빚을 질 수밖에 없음을 깨달았다. 아들, 딸, 며느리, 사위 등 직계 자식들이 준비에 신경을 썼다. 위는 손녀와 외손녀가 할아버지 생신을 축하한다고 식전에 찍은 사진이다. 형제들에게 별도의 연락을 취하지 않았으나 와 주었고, 외종이나 이종형제들이 많이 와 주었다. 초등학교, 중고교, 대학, 대학원, 사회에서 사귄 친구들을 초청하여 테이블별로 앉게 하였는데, 평일 저녁임에도 불구하고 많은 사람이 와 주었다. 축의금을 받지 않는다고 하였으나 많은 사람이 봉투를 준비하고 필자의 주머니에 찔러 넣었다. 그날은 자유롭게 저녁 식사하고 즐겁게 보냈다.

이렇게 필자는 70세, 만 69세에 칠순(七旬) 잔치 혹은 고희연(古稀宴)을 치렀다. 80세, 만 79세에 팔순(八旬) 잔치 혹은 산수연(傘壽宴)을 치를 수 있을지는 미지수이다. 88세에 미수연(米壽宴)을 치를지는 더욱 모르겠다. 쌀 미(米)의 파자(破字)가 팔십(八十) 팔(八)이라고 의미를 붙여 그렇게 부르나 보다. 90세, 곧 만 89세가 되면 구순(九旬) 잔치 혹은 졸수연(卒壽宴)을 연다. 필자의 장인이 93세, 장모가 95세에 돌아가셔서 장인어른의 구순 잔치는 자손들과 가까운 집안 어른이 모여 식사하는 자리로 대신하였다. 필자의 어머니도 올해 93세로 생존해 계시지만, 그동안 주요한 연회를 사양해 오셨다.

17. 백

○

○
●

옛날에 인간이 오래 산다고 해도 100년을 살기는 어려웠다. 그러나 요즘처럼 큰 전쟁이 없고 사람들의 영양상태가 좋고 의술이 발달한 시대를 맞아 백세시대라고 100살을 넘겨 사는 사람이 생겨났다. 1년만 더 살면 백 살(100세)이라고, 99세 즉 만 98세에 백수 잔치나 혹은 백수연(白壽宴)을 베푼다. 백(百)에서 하나가 모자란다고 백(白)을 써서 백수(白壽)라고 표현하는데, 아주 유머 있는 표현이라고 생각한다. 1년을 더 살아서 사람이 100세가 되면, 백순(百旬) 잔치 혹은 상수연(上壽宴)을 연다. 사람이 100년을 산다는 것은 큰일이므로 기념할 만하다.

100을 영어로 century라고 하는데 대문자로 C라고 표시한다. 우리말로는 세기(世紀)라고 부른다. 현재는 21세기로써 21C라고 표시하고 2001년부터 2100년까지를 뜻한다. 미국의 잔돈인 센트(cent)도 여기서 나온 말이다. 1센트는 1달러의 100분의 1이라는 뜻이다. 신약성경 사도행전 10장을 보면 백부장(百夫長, centurion) 고넬료(Cornelius) 이야기가 나온다. 백부장은 장정 100

명을 거느린 로마 군대의 중견 간부로서 당시에 건강하고 상당한 권력을 가진 자를 의미한다. 요즘으로 치면 중대장 정도의 인원을 통솔하지만, 사회적인 능력은 더 된다고 본다. 현대 화가로 유명한 네덜란드 태생의 반 고흐(van Gogh, 1853~1890)의 이름이 뱅상(Vincent)이다. 영어로는 빈센트라고 읽지만, 그가 활동하다 죽은 프랑스에서는 포도주라는 뜻의 Vin과 Cent의 합성어이다. Vincent는 서양에서 흔한 남성 이름이라고 한다.

우리가 일상생활에서 자주 접하는 게 퍼센트(percent)이다. 기호로 %를 쓰고 우리말로 백분율(百分率)이라고 말한다. 100을 기준으로 할 때 몇 개 정도인가를 나타내는 숫자이다. 만약 7번을 시도하여 5번 성공하였다면 5를 7로 나누어 0.714 근처의 숫자가 나오는데 여기에 100을 곱하여 약 71.4%라고 말한다. 100번 시도할 때 71번 정도의 확률이 된다는 의미이다. 백전백패(百戰百敗), 백전무패(百戰無敗)라고 하면 승률이 각각 0%, 100%이다. 학생들이 올백이라고 하면 모든 과목이 만점(滿點)이라는 뜻이다. 시험문제에서 만점이 100점이고 문제의 수가 25라면 문제 하나마다 제대로 맞으면 4점을 얻게 된다. 즉 문제 하나마다 배점이 4점이다. 여기에 과녁처럼 정 중앙을 맞추면 4점이고 벗어나면 중앙으로부터의 거리에 따라 3점, 2점, 1점으로 채점하면, 총점수가 낮아져서 머리가 좀 아프게 된다.

백전노장(百戰老將)이라는 말은 원래는 수많은 싸움을 치른 노련한 장수를 칭하였으나 온갖 어려운 일을 많이 겪은 사람을 일컫는다. 일벌백계(一罰百戒)란 한 사람이나 한가지 죄를 엄중하게 처벌함으로써 여러 사람에게 경계함을 말한다. 백척간두(百尺竿頭)라는 말은 100자나 되는 높은 장대 위에 올라섰다는 뜻으로 매우 위태롭고 어려운 상태에 있음을 뜻한다. 오십보백보(五十步百步)라는 말은 전쟁에서 오십 걸음을 달아난 사람이 백 걸음을 달아난 사람을 보고 비웃더라도 달아나기는 똑같다는 맹자(孟子)의 말에서 나왔는데, 약간의 차이는 있으나 본질적으로 같다는 뜻이다. 줄여서 오십소백(五十笑百)이라고도 말한다, 오십음도(五十音圖)는 일본어에서 오십 가지 음을 배열한 표를 의미한다. 한편 우리가 흰 종이로 된 메모지를 백지장(白紙張)이라고 부르는데, 한지(韓紙) 만드는 과정에 여러 장의 얇은 종이를 붙인 백지장(百紙張)이라는 말이 있다. 이로부터, 아무리 쉬운 일이라도 혼자 하기보다 서로 힘을 합쳐서 하면 더 쉽다는 뜻으로 '백지장(百紙張)도 맞들면 낫다'라는 속담이 나왔다.

오늘날에는 서양에서 많은 물건을 용도별로 전시해서 판매하는 department store가 있는데, 우리는 이를 백화점(百貨店)이라고 부른다. 꽃이 많으면 백화(百花)라고 하였다. 온갖 꽃이라는 뜻이다. '바야흐로 백화가 만발하는 봄이 온다'라는 표현이 쓰였다.

온갖 과일이라는 뜻으로 백과(百果)라는 말을 썼는데 대표적으로 오곡백과(五穀百果)라는 말에서 볼 수 있다. 이렇듯 백(百)은 꼭 100이 아니더라도 많다는 의미의 '온갖'이라는 뜻으로 쓰였다.

18. 천, 만

○

○
●

　1천(1,000)은 백(100)의 열(10) 배, 1만(10,000)은 백(100)의 백(100) 배다. 구약성경 사무엘상 18장 7절에 보면 '사울이 죽인 자는 천천이요 다윗은 만만이로다'라는 구절이 나온다. 영어 성경에 보면 해당 구절은 Saul has slain his thousands, and David his ten thousands라고 나온다. 이스라엘의 초대 왕 사울과 그의 종 다윗의 공에 대하여 백성들이 위와 같이 노래하였다. 이 말에 사울이 불쾌하여 심히 노하여 '다윗에게는 만만을 돌리고 내게는 천천만 돌리니, 그의 더 얻을 것이 나라밖에 무엇이냐?'라고 말하고 그날 후로 사울이 다윗을 주목하였다고 나온다. 그 후 사울은 다윗을 두려워하여 죽이고자 하였으나, 나중에 거꾸로 사울이 죽고 다윗이 이스라엘의 왕이 되었다. 여기서는 천천(千千)이라고 하였으나 수천이란 의미이다. 마찬가지로 만만은 수만이란 뜻이다. 서양에서 천(1,000)이 천(1,000) 개이면 백만 개인데, 영어로는 million이다. 백만장자(millionaire)는 백만 달러 이상의 재산을 가지고 있는 큰 부자를 말한다. 옛날에는 백만 달러가 큰돈이었으나 지금은 돈의 가치가 떨어져서 백만장자가 많아졌다. 서양에서는 수의 자릿수를 셀 때 천(千)씩 커져서 백만(million)이 세 자리 더 커지면 billion이라고 한다. Billion은 십억인데 요즘은 십억 달러의 재산을 가지고 있는 billionaire는 되어야 부자 소리를 듣는다. 동양에서는 수를 셀 때 만(萬)씩 커지는데, 만(10,000)이 만(10,000) 개이면 1억(億)이라고 부른다.

만(萬)은 많다는 뜻으로도 쓰였는데, 전부, 모두, 온통의 의미이다. 만세(萬歲), 만전(萬全), 천하만민(天下萬民)의 표현에서 볼 수 있다. '안전(安全)이 만전(萬全)이다'라는 표현도 있다. 만고(萬古)는 아주 오랜 옛적을 뜻한다. 예를 들어 만고역적(萬古逆賊)은 세상에 다시없을 역적을 의미한다. 온갖 생각을 만감(萬感)이라고 한다. '기체후(氣體候) 일향(一向) 만강(萬康)하소서'같이 윗사람의 안부를 묻는 말로 옛날 편지는 시작되었다. 펜의 한 가지인 만년필(萬年筆)에도 만(萬) 자(字)를 쓰는데, 펜을 오래 쓴다는 의미일 것이다. 만리장성(萬里長城)이란 말이 있다. 만천하(滿天下)에서 볼 수 있듯이 만(萬)이 만(滿)과 발음이 같아서 오는 혼동일 수도 있다. 위에서 든 천천만만(千千萬萬)의 예와 비슷하게 '천만의 말씀'이라고 있다. 천만(10,000,000)은 만의 천배라는 뜻인데, '천만의 말씀'은 남의 칭찬에 겸손하게 대응할 때 쓰는 말이다. 영어로 'Not to mention it'을 '천만의 말씀'이란 뜻으로 배웠다. 옛날에는 천만(千萬)이란 만(萬)이 천(千) 개이니까 꽤 큰 수로 생각되었나 보다. 남한의 인구가 오천만을 넘었다고 한다. 요즈음은 그보다 열 배 큰 1억(億)도 큰 숫자로 느끼지 않고 있다. 통상적인 숫자는 아니지만 억만(億萬)이란 말이 있는데, 아주 셀 수없이 많은 숫자란 뜻으로 '억만금(億萬金)을 주어도 못 바꿀 기회'라는 표현이 있다.

19. 억, 조

○

○
●

　만(10,000)의 만(10,000) 배가 1억(100,000,000)이고 1억의 만 배가 1조(1,000,000,000,000)이다. 1조(兆)는 1 이하에 0이 12개 붙는다. 억만(億萬)이란 셀 수 없이 많다는 뜻이다. 억만금(億萬金), 억만년(億萬年)이란 표현도 있다. 우리나라 정부의 1년 예산이 2024년 기준으로 약 656조 6,000억 원이다. 1972년에는 6,472억 원이었으니까 그 사이 천 배 이상 증가하였다. 그동안의 인플레이션을 고려해도 엄청나게 증가한 숫자이다. 2020년대 들어 코로나 19, 세계적인 경제 불황, 내수 침체, 복지 예산의 증액 등의 요인으로 그 증가 속도가 엄청나다. 정부 예산은 국민이 내는 세금과 국가채무로 그 지출을 충당함으로 결국 국민이 언젠가는 부담해야 하는 액수이다.

　억조창생(億兆蒼生)이란 수많은 백성이란 뜻이다. 우리나라 인구가 지금부터 약 100년 전에는 3천만이었으나 지금은 남한만 해도 5천만이 넘는다. 세계의 인구가 약 83억인가 되는데, 인도와 중국이 약 14억 이상으로 가장 많고 미국이 3.5억으로 뒤를

잇고, 인도네시아, 파키스탄, 나이지리아, 브라질, 방글라데시, 러시아, 에티오피아 순이다. 한 나라의 인구가 1억은 넘어야 경제적인 자립이 이루어진다고 하는데 세계 12위인 일본이 약 1.2억으로 우리의 부러움을 사고 있다. 우리나라는 인구순에서 세계 29위이다. 북유럽의 스웨덴이 약 1천만, 덴마크가 600만, 핀란드와 노르웨이는 600만이 안 된다. 노르웨이는 세계 인구 순위가 118위이다.

조(兆) 이상으로 만 배씩 증가하여 0이 16개 붙으면 경(京)이 되고, 그 뒤에는 0이 20개 붙는 해(垓)이다. 사람의 숫자나 돈을 세는 데는 조(兆) 정도면 충분하고 원자의 개수를 세는 데는 해 정도의 숫자가 필요하다. 아보가드로(Avogadro)의 숫자는 1기압, 섭씨 0도에서 기체 22.4 리터에 들어있는 원자의 숫자를 의미하는데. 대략 6천 해(垓) 정도 된다. 고체나 액체 등의 응집물질에서는 한 변이 1센티미터인 정육면체 안에 들어있는 원자의 숫자를 보통 이야기한다. 대충 계산하여 1세제곱센티미터에 대략 100 해(垓) 개의 원자가 들어 있다고 본다.

끝내는 글

본 글에서 필자는 숫자 이야기를 주로 하였다. 숫자는 사칙연산이 기본적이다. 즉 사칙연산은 더하기(+), 빼기(-), 곱하기(x), 나누기(÷) 등으로서 한자어로는 가감승제(加減乘除)라고 부른다. 이 중에서 필자는 이 글에서 나이 이야기를 많이 하였다. 보통 사람들이 젊어서는 자기의 실제 나이보다 더 많게 이야기한다. 자기가 사회 경험이 많다는 것을 동년배에게 과시하고 '형' 소리를 듣고 살고 싶기 때문이다. 그러나 나이가 들어 가면서 '젊어 보인다'라는 말을 듣기를 좋아한다. 자기 실제 나이보다 한 십 년을 적게 이야기하면 흐뭇한 표정을 짓는다. 어느덧 노인의 일생에 뺄셈(-)이 작동하고 있다는 말이다.

사람이 살아가면서 복(福) 이야기를 많이 한다. 복이란 무엇인가? 행복이니 불행이니 하는 단어를 연상하게 되는데 영어로는 복을 happiness라고 하는 모양이다. 기독교 성경에서는 팔복(八福)을 이야기하고 유교에서는 오복(五福)을 말한다. 유교의 오복은 수(壽), 부(富), 강녕(康寧), 유호덕(攸好德), 고종명(考終命)을 이른다고 한다. 우리는 누가 오래 살고, 재산이 좀 있으며, 건강하고,

덕을 쌓고, 편안하게 죽으면, 큰 복을 누리며 살았다고 알아 왔다. 일상생활에서는 큰 문제가 없이 늘그막까지 치아를 쓸 수 있으면 복이라고 이야기한다. 머리숱이 많고 머리칼이 오래 가면 복이 있다고 말한다. 주로 건강하게 오래 살면 주위에서 복 있다고 이야기한다. 주위의 여러 사람이 다 같이 복을 누리고 살기를 소망한다. 이렇듯 복은 덧셈(+)의 법칙이 작용한다.

    오복 중 둘째가 부(富)이다. 부라고 하면 돈이 으뜸이다. 보통 현찰(現札), 또는 현금이라고 말한다. 본인이 원하는 아무 때나 다른 형태의 재산으로 바꿀 수 있어서 사람들은 돈을 좋아한다. 돈은 사회 제도 특히 자본주의 사회가 용인하는 가장 편리한 부의 한 형태이다. 돈이 시간과 결부되면 자본주의 사회에서는 다른 돈을 낳는다. 흔히 이자라고 부르는데, 이자(利子)는 원금(元金)에 이율(利率)을 곱하여 나온 돈이다. 나이가 들면 보통 이율이 높은 것을 선호한다. 보통 일정 기간이 지나면 이자를 원금에 더하여 둔다. 새로운 원금에 미리 정한 이율을 곱하면 또 다른 원금이 된다. 이를 복리(複利) 계산 방법이라고 한다. 이렇듯 돈은 곱셈(x)을 좋아한다. 사람은 이 세상을 살아가는데, 돈이 필요하지만, 너무 돈, 돈, 돈이라고 말하는 돈의 노예가 되지 말라는 말을 많이 듣는다. 영국의 소설 주인공의 이름을 빌려 스크루지(Scrooge) 영감은 되지 말라는 말이 있다.

이렇듯 돈과 부는 덧셈이나 곱셈을 좋아한다. 그러나 나이가 들면 사랑이나 덕을 세상에 나누어주라고 말한다. 어느덧 노년은 나눗셈(÷)의 인생이 되어 버렸다. 돈이나 재산을 나누기하면 몫은 줄어든다. 그러나 흔히들 사랑이나 덕은 나누면 몫이 늘어난다고 말한다. 그러나 받는 사람은 돈이나 재산을 더 좋아한다. 젊은 사람은 노인이 지갑을 열기를 바란다. 우리 사회가 그동안 폭발적으로 성장해 오면서 부동산 가격이 올라가서 우리 사회의 부(富)가 노인에게로 편중되어 있다는 생각에 더욱 그렇다.

하나, 둘, 셋, 넷

1쇄 인쇄　2025년 8월 8일
1쇄 발행　2025년 8월 19일

지은이　강찬형
펴낸이　강찬형
펴낸곳　무지개꿈
신고번호　제2023-000025호
신고일자　2023년 2월 7일
주소　서울시 송파구 올림픽로 35길 104, 24동 702호
팩스　0505-055-2328
이메일　chanhkang@naver.com

ⓒ 강찬형 2025

ISBN 979-11-982929-7-1 (03400)

- 이 책은 저작권법에 따라 보호받는 저작물이므로 무단 전재와 무단 복제를 금지하며, 이 책 내용의 전부 또는 일부를 이용하려면 반드시 저작권자와 무지개꿈의 서면 동의를 받아야 합니다.
- 잘못 만들어진 책은 바꾸어 드립니다.
- 책값은 뒤표지에 있습니다.